RALPH JORDAN

DEINEN ÄNGSTEN INS GESICHT SEHEN I

Deutsche Ausgabe

---*---

Serie: Wahrheitslehre
LOTOS VERLAG VILLMAR

ISBN 3-927622-27-3

Aus dem Amerikanischen übersetzt von Stephan Klein.

Druck: klein-druck, steeden

TEACHINGS FROM THE HIERARCHY
(LEHREN DER HIERARCHIE)
Durchgabe von Ralph Jordan

DEINEN ÄNGSTEN INS GESICHT SEHEN I

Titel der Originalausgabe
(FACING YOUR FEARS I)

1. Auflage 1998

LOTOS VERLAG
Am Weyrerkreuz 7 - 65606 Villmar
Tel. 06482-5561 Fax 941875

Der Autor Dr. Ralph Jordan

Seit mehr als fünfunddreißig Jahren lehrt Dr. Jordan. Er ist ein weltweit geschätzter Redner und Berater, hellsichtig, hellhörig und einer der wenigen Menschen in der heutigen Zeit, durch die Apportationen und Materialisationen geschehen. Geboren in Chicago, absolvierte er das Studium der Theologie, Philosophie, ist ordinierter Geistlicher, studierte bei Arthur Ford, dem ersten Medium, das sich wissenschaftlichen Studien zur Verfügung stellte. Er zeigt den Weg zur Verbindung westlicher und östlicher, klassischer und mystischer Philosophie. Er ist Schüler von Paramahansa Yogananda und Eingeweihter des Kriya Yoga. Er lehrt die universalen Gesetze der Weisheiten, der Religionen, Metaphysik, holistische Heilweisen, sowie Arbeitsmethoden, deren Anwendung Türen zur inneren Wahrnehmung und zum Verstehen öffnen.
Dr. Jordan hat vielen Menschen geholfen, den Weg zu sich selbst zu finden.

Deinen Ängsten ins Gesicht sehen I

Wir werden uns heute mit Ängsten beschäftigen. Ängste sind etwas, das absolut jeder auf verschiedenen Dimensionsebenen erfährt. Sie sind etwas, das oftmals tief im unterbewußten und unbewußten Verstand unserer Wesen verwurzelt ist, und sie sind oftmals sehr schwer für uns bewußt und intellektuell in den Griff und in ein Verständnis zu bekommen, so daß wir dann die disziplinarischen Maßnahmen beginnen können, um fähig zu sein, unsere Ängste zu verstehen und mit ihnen zu arbeiten. Ängste haben für mich immer eine unrichtige Selbsteinschätzung repräsentiert; und die unrichtige Selbsteinschätzung kann entweder auf der positiven Seite der Münze oder auf der negativen Seite der Münze liegen. Im Gegensatz zu dem, was der Großteil der Menschheit glaubt, repräsentieren Ängste nicht nur die negativen Aspekte unserer Selbsteinschätzungen. Ängste können auch durch unsere Überschätzung oder Überbewertung unserer Einstellungen, unseres Verständnisses, unserer Charakteristika und unseres Seins repräsentiert werden. Sie können zu einem mächtigen Trauma führen, das sich in einem Zustand oder Gefühl von Überheblichkeit, einem Gefühl von Abgetrenntsein und in einem Sinn ausdrücken, Menschen zu trotzen. Getrenntheiten. Wir sehen uns ständig mit Ängsten konfrontiert: Ängste bezüglich unserer finanziellen Situationen, Ängste bezüglich unserer Ausbildungssituationen, Ängste bezüglich unserer elterlichen Situationen, Ängste bezüglich unserer emotionalen Situationen, Ängste bezüglich unseres eigenen Operationsmodus, Ängste vor unserem Verständnis und Ängste vor unseren Fähigkeiten, kommunizieren zu können. Und das erzeugt dann das, was wir oft als Stagnation bezeichnen; Stagnation in dem kreativen Fluß der Energien, die wir mit jedem Atemzug, den wir in unsere Struktur, unsere Form aufnehmen und aus ihr entlassen, in die Atmosphäre projizieren. Diese tragen die Schwingungskräfte unserer Ängste. Ängste können beherbergt sein -und ich glaube, daß es klug wäre, wenn ihr das aufschreiben würdet- Ängste können in unserem unterbewußten Verstand beherbergt sein, Ängste können in unserem unbewußten Verstand beherbergt sein. Das sind die beiden Verstände, in denen Ängste beherbergt sind und ihre Oberherrschaft über unsere Selbsteinschätzung, unser Verständnis, unsere Disziplinen und Ausrichtungen haben.

Für mich ist Angst, wie ich vorher schon sagte, eine unrichtige Einschätzung. Der erste Schritt, den wir bei der Arbeit mit Ängsten machen wollen, ist also, eine neue Selbsteinschätzung zu formulieren, ein erweitertes Selbstverständnis und -gewahrsein oder ein erweitertes Selbstbild zu formulieren, das nicht versucht, die Angst zu verleugnen, nicht versucht, die Angst zu maskieren, sondern die Angst ansieht und dann versucht, anzufangen, sie zu disziplinieren und ihre Quelle, ihre Herkunft oder ihren Ursprung zu verstehen -ihre Quelle, ihren Ursprung- und dann versucht, in ihre Quelle, ihren Ursprung hineinzugehen. Wenn es eine Angst vor Kommunikation ist, dann gibt es da schon eine vorgefaßte, selbstbewertete Begrenzung in der Kunst der Kommunikation. Wenn sie in der Hingabe liegt, dann gibt es da schon ein vorgefaßtes, vorbewertetes Gefühl von Unwertsein in dem Konzept der Hingabe. Wenn sie in finanziellen Situationen liegt, gibt es schon eine vorgefaßte Begrenzung im Selbstwert, die sich dann in den Gesellschaften ausdrückt, in denen wir leben. Ich fürchte, daß wir täglich und in jeder Minute mit unseren Ängsten konfrontiert sind: Ängsten bezüglich unserer sexuellen Leistungen, Ängsten bezüglich unserer intellektuellen Wahrnehmungen, Ängsten bezüglich unserer Geschicklichkeit, unserer physischen Struktur, Ängsten hinsichtlich des Morgen, Ängsten hinsichtlich des Gestern. Diese ganz spezifische Aktion, die wir Angst nennen, ist eine Zusammensetzung oder ein Konglomerat einer selbst auferlegten Verstellung, und wenn es dein erster Schritt ist, dir ein neues Image zu geben, dann darfst du dich mittels deiner Disziplinen nicht mehr bei deinen Ängsten aufhalten, darfst nicht in dem Land der Angst verweilen, sondern mußt in das Land der Sicherheit gelangen und mußt dann deine Ausflüge in das Land der Angst und des Mangels an Verstehen und des Mangels an Disziplin disziplinieren.

Ängste können aus Verbindungen aus vergangenen Leben kommen. Ängste können ein Übertrag von Erinnerungen an Erfahrungen aus vielen deiner vergangenen Leben sein, und sie werden deine Verständnisfähigkeiten darin beeinträchtigen, das Bild zu formulieren, mit dem du in diesem speziellen Leben arbeitest. Wir erfahren von unseren unterbewußten Bereichen oder von unseren unbewußten Bereichen her oftmals Tendenzen oder Impulse, die Überträge von Beziehungen aus vergangenen Leben sind, die dann gerinnen und eine Handlung gestalten und formen, die in Angst liegt, weil diese Impulse tatsächlich gerinnen und sich in einer unausgeglichenen Handlung und Reaktion auf Energieeinflüsse gestalten und formen.

Schüler (S): Hat eine bestimmte Angst oder ein Verhaltensmuster unbedingt seinen Ursprung in einer bestimmten Handlung oder einem bestimmten vergangenen Leben? Würdest du weit genug zurückgehen, oder ist sie einfach eine Ansammlung, die sich zu einem bestimmten Muster entwickelt?

Ralph Jordan (J): Nun, ich muß sagen, daß es beides sein wird. In diesen spezifischen Zeiten haben wir zwei Arten von Ängsten: wir haben aktive Ängste, und wir haben schlafende Ängste. Jede von ihnen beeinflußt unsere Reaktionen und unseren Schaffensprozeß. Die schlafende Angst wird unseren Schaffensprozeß, unseren Reaktionsprozeß auf eine etwas subtilere Art und Weise beeinträchtigen als die aktive Angst, die so etwas wie Klaustrophobie (Platzangst) oder so etwas wie Höhenangst, so etwas wie ein Pfund oder zwei zuzunehmen, die Angst vor Kommunikation, die Angst vor dem Lieben, die Angst, Armut zu ertragen, die Angst vor dem Altern, die Angst vor Versagen und wie sie alle heißen bekanntgeben würde. Die vorherrschendste Angst wird eine aktive Angst sein, und sie wird am vorherrschendsten ein Konglomerat all deiner vergangenen Leben sein, das sich in einer aktiven Tendenzschwingung in diesem speziellen Leben ausdrückt, während die schlafende Angst von einem bestimmten Leben herrührt, wie beispielsweise von deinem Leben als amerikanischer Indianer oder von deinem Leben als spanischer Magnat, oder was auch immer zutreffen mag -und das sind alles hypothetische Aufzählungen vergangener Leben. Das kann sehr subtil aber doch schlafend aktiv sein und dabei deinen Schaffensprozeß beeinträchtigen, deinen Visualisationsprozeß beeinträchtigen, sogar deine Prozesse des Loslassens beeinträchtigen, wenn es zu deinen meditativen Zuständen, deinen veränderten Bewußtseinszuständen kommt. Es kann die Klarheit beeinträchtigen, mit der du diese ungesehenen Welten siehst, diese Dimensionen, die überall um uns herum existieren. Es sind also unsere Ängste, die der definitive, wirksame Wert sind -zu dem Wort 'wirksam' laßt uns das Wort 'aktiver Wert' schreiben- der dann anfängt, unser Muster, unser Verhaltensmuster, unser Muster des Erschaffens zu gestalten und zu formen. Wenn wir diesen Wandteppich der Leben zurückverfolgen und zu der Quelle dieser unausgeglichenen Sicht, dieser unvollständigen Information kommen können und wir dann diese Information nehmen und diese unausgeglichene Sichtweise ändern können, dann können wir einen konstruktiven, augenblicklich greifenden disziplinarischen Prozeß starten, uns tatsächlich der Angst auszusetzen und Geist über Materie zu benutzen, um die Überwindung dieser Angst zu erlangen, ohne zu versuchen, sie zu zerstreuen, sie zu verleugnen oder sie unter einem Haufen von falschen und unvollständigen Informationen zu begraben, sondern indem wir tatsächlich hineingehen und uns mehr oder weniger in der Angst wälzen und dann damit klarkommen, ob die Angst uns führen und leiten wird, oder ob wir die Angst führen und leiten werden.

S: Als du vorhin über die Energieeinflüsse gesprochen hast -erschaffen wir so die körperlichen und emotionalen Blockaden?

J: In der Tat, und genauso die mentalen Blockaden. Jede Blockade, jede Stagnation...und erinnere dich: eine Angst ist eine Form von Stagnation.

S: Eine Form von Stagnation? Würdest du das bitte ein wenig weiter ausführen?

J: Sicher. Wenn wir eine unrichtige Ansammlung von Information haben, die ein imaginatives oder geronnenes Bild in unserem bewußten Verstandesrahmen erzeugt, dann finden wir uns an einem stagnierenden Ort wieder. Wie ich vorhin sagte, ist Angst eine unvollständige Information, die zum unterbewußten Verstand projiziert wird, vom unterbewußten Verstand zum unbewußten Verstand und die natürlich in den bewußten Reaktionen aktiv und wirksam ist. Also ist selbstverständlich deine Stagnation ein unvollständiges Selbstbild, ein unvollständiges Bild von der Gesellschaft, ein unvollständiges Bild von der Welt, ein unvollständiges Bild von deinen kreativen Fähigkeiten in der Welt und ein unvollständiges Bild von deiner Wirksamkeit in deinen eigenen Universen, deiner Wirksamkeit in jedweder Situation, der du gewählt hast, dich auszusetzen. Wann immer wir eine Angst haben, haben wir eine Stagnation, weil unsere Reaktionen entweder sind, die Angst zu verleugnen oder der Angst nachzugeben, oder das dritte ist zu versuchen, die Angst überzukompensieren.

S: Ist es hier, wo die Überheblichkeit hereinkommt?

J: Hier ist es, wo die Überheblichkeit hereinkommt. Ihr habt alle diese Macho-Menschen gesehen, die keine Träne vergießen würden, selbst wenn die Welt davon abhinge, weil -Gott behüte- sie Angst haben, damit gleichgesetzt zu werden, einen feinfühligen Körper zu haben, und sie befürchten, irgendein dummes Etikett angeheftet zu bekommen, wie nicht männlich genug zu sein, um in der Lage zu sein, weißt du, in der Gesellschaft weiterzugehen und trotzdem fähig zu sein, zu weinen und zu lachen und Spaß zu haben, ohne unbedingt eine Aussage darüber zu machen, daß sie in ihrem männlichen Verständnis unsicher wären. Was ist das anderes als eine Angst? Dann haben wir all diese Menschen gesehen, die fortwährend mit Armut kämpfen, und egal wie viele Gelegenheiten sie mit Ausbildungen, mit Möglichkeiten durch einen Job und eine Situation hatten, es gelingt ihnen immer, mit Armut zu kämpfen. Wir können das zu einer grundlegenden Angst zurückverfolgen, und diese Angst ist ein Konglomerat. Sie ist vielleicht eine Angst vor Verbindungen aus vergangenen Leben, wo sie viel Geld hatten und es falsch benutzt und mißbraucht haben. Also ist in diesem Leben die Angst, einen Fehler zu machen, so aktiv in ihrem unterbewußten Verstand und in ihrem unbewußten Verstand, daß - Gott bewahre- sie all dies Geld haben könnten, um damit einen Fehler zu machen, um ihre wirkliche Spiritualität und ihr wirkliches Hüten all der Reichtümer und Füllen auszutesten, die in unserer Erdebene wirksam und aktiv sind. Wir haben alle die Schönheit gesehen, die sich aufgrund ihrer körperlichen Struktur hoch einschätzt und die unmöglich mit einer Falte umgehen könnte, selbst wenn es sie umbrächte, was es in neun von zehn Fällen tut, sie umbringen, und zwar die Falte und die Angst vor der Falte. Das geht auch auf diese unrichtige, unvollständige Informations-Auswertung und Sicht zurück. Das ist es, was ich euch herüberzubringen versuche. Diese Angst kommt aus einem unvollständigen Selbstbild, einer unvollständigen Selbstsicht, einer unvollständigen Selbstanalyse, einer unvollständigen Analyse eurer Job-Situation, einer unvollständigen Analyse eurer Familiensituation, einer unvollständigen Analyse eurer spirituellen Situationen, einer unvollständigen Analyse eures Zwecks, eurer Ausrichtung im Leben und seinem fortschreitenden Fluß. Es ist ein aktives Prinzip, mit dem ihr arbeitet; aktiv insofern, als ihr ständig mit diesen Bildern arbeitet.

S: Du hast gesagt, durch Aufzeigen und Erobern zu überwinden. Ist das der Grund, weshalb wir in unseren Leben all diese dummen

Miseren spielen, um uns zu beweisen, daß wir das handhaben können, und daß wir mehr sind, als wir gedacht haben?

J: Deine Angst, die wiederum dein unvollständiges Bild ist, ist der motivierende Faktor, um dich in die Situationen zu bringen, was mit dem Buch Hiob verglichen werden könnte, wo ihr euch in die Irrungen und Wirrungen hineinstellt, nachdem ihr festgestellt habt, daß ihr etwas zu geben habt, daß ihr etwas seid und einen Operationsmodus gewählt habt, in dem ihr dieses 'etwas zu geben haben' ausdrückt und dann feststellt, daß ihr euch selbst den Prüfungen aussetzt. Und wiederum: selbstauferlegte Prüfungen sind ein Ausdruck von Angst. Vielleicht ist es eine Angst vor Zurückweisung, vielleicht ist es eine Angst vor Erfolg, und vielleicht ist es eine Angst vor Verwaltung. Die einfache Antwort auf deine Frage lautet also: Ja.

S: Verursachen Ängst körperliche Probleme?

J: In der Tat tun sie das. Laßt uns versuchen zu verstehen. Die Angst wird einer der motivierenden Faktoren sein, der euch dazu bewegt zu wählen, euer Muskelsystem, euer Nervensystem und eure Knochenstruktur Streß auszusetzen, und durch Streß werdet ihr feststellen, daß ihr körperlich unzulänglich, körperlich unfähig und körperlich leidend seid, durch eure Ängste, ja.

S: Mit anderen Worten: das ist also wie Migräne, wenn man wirklich schlimme Kopfschmerzen hat?

J: Es ist ein Angstprozeß, der an eurem Chemiehaushalt und an den Nervenenden eures Systems arbeitet, und ihr erreicht Sackgassen des Energieflusses durch den physischen Körper, durch diese spezifischen Organismen, Gefäßsysteme, Muskelsysteme und Zellsysteme, die in der Lage sein sollten, diese Energie auf einer ausgeglichenen Ebene zu übertragen und Wohlbefinden zu erschaffen, ja.

S: Mit anderen Worten betäuben also Aspirin und Schmerztöter nur den Schmerz.

J: Sie greifen das Schmerzzentrum an, und sie geben dem Schmerzzentrum eine Befreiung von der Bombardierung durch diese Stagnation, durch diesen Druck und geben euch -hoffentlich- eine Gelegenheit, dieses unvollständige Selbstbild anzusehen, das diese Streßreaktion überhaupt erst hervorgebracht hat.

S: Eine meiner Fragen betrifft Ängste, denen wir in Schlafzuständen und Alpträumen begegnen.

J: Ängste, denen wir in den Astraldimensionen begegnen, sind in Wirklichkeit eine Ansammlung von Energiemustern, die wir entweder aus unserem bewußten Bereich oder aus unserem unterbewußten Bereich oder aus unserem unbewußten Bereich der Kreativität herausprojiziert haben. Immerhin findet Kommunikation und Erschaffung, oder soll ich sagen Kreativität, auf mehr als nur einer oder zwei Ebenen statt. Sie findet im Aktiven statt, sie findet im Verbalen statt, sie findet im Gedanken statt, und sie findet in den sensorischen Ebenen der Kreativität statt, und wenn ihr, aufgrund eines unvollständigen Selbstbildes, diese Ebenen des kreativen Prozesses nicht in ein Gleichgewicht gebracht habt, dann werdet ihr diese Schwingungsimpulse in den Astralebenen erfahren, und sie werden sich als Alpträume ausdrücken. Ein Alptraum ist ein Signal oder ein Symbol einer Nicht-Bereitschaft, dahin zu kommen, sich selbst verstanden zu haben und ein Selbstbild zu verändern. Seht, wenn wir unseren Ängsten ins Gesicht sehen, müssen wir bereit und willens sein, unsere oft allzu bekannten Selbstbilder zu verändern und unsere allzu bekannten Reaktions- und Verhaltensmuster zu verändern und tief in uns hineinzugehen, um ein erweitertes Verhaltensmuster, ein erweitertes Muster von Selbstbild hervorzubringen und das sehr bekannte Bild loszulassen, das wir bereits haben. Was dabei hilft, diese unvollständigen Bilder zu zerbrechen, ist ein Verständnis von Karma und ein Verständnis und ein aktives Wissen um Karma und Dharma und die Erkenntnis, daß das, dem ihr euch in diesem speziellen Leben ausgesetzt habt, das Sprungbrett war, um euch zu einem erweiterten Selbstbild zu bringen, euch zu einem Punkt zu bringen, wo ihr durch eure Disziplinen und durch die Informationen fähig seid, euch konstruktiv zu manipulieren und ein harmonisches Gleichgewicht hier in dieser sichtbaren, universalen Welt zu erschaffen, die eine Reflektion eures eigenen Wesens ist. Seht, im physischen Zustand könnt ihr die rudimentären Reaktionen sehen, ihr könnt die rudimentären Reaktionen hören, ihr werdet die rudimentären Reaktionen antreffen, aber in dem veränderten Zustand werdet ihr das weniger Rudimentäre, das weniger Geronnene, das etwas Wenigere als im Physischen antreffen.

S: Du hast die Angst einer Person vor Wohlstand aufgrund des Mißbrauchs von Wohlstand in einem anderen Leben erwähnt. Wenn man ein Spiel spielt und jemand sagt: „Wenn du den nächsten schaffst, dann wirst du das ganze Spiel gewinnen" und dergleichen. Diese Angst vor dem Gewinnen, die Angst vor Erfolg, die Angst vor dem Status, die Angst vor Wohlstand, hat das mit vergangenen Leben zu tun?

J: Ja, in der Tat, das hat es, aber es hat ebenfalls mit der Konditionierung zu tun, die man beim Eintritt in die physische Dimensions-Struktur zu erfahren gewählt hat, mit all den selbsterschaffenen Bildern von sich selbst. Du siehst also, daß du eine Kombination hast. Wenn du in einer Spiel-Show stehst und an der Millionen-Marke bist, und du hast alle sechs Fragen richtig und angemessen beantwortet...Psychologisch gesehen will dir der Mann, der der Showmaster dieser Spiel-Show ist, dir die Million ohnehin nicht geben, aber er benutzt diesen Ansporn, um die Teilnahme seines Publikums und die Teilnahme der Zuschauer zu verstärken und um das Produkt seines Sponsors zu verkaufen. Also wird er da stehen, und er wird psychologisch gesehen auf jede deiner Ängste drükken, und er ist ausgebildet, durch Körpersprache und durch Stimm-Aura und Dinge dieser Art (auch wenn sie sie nicht Stimm-Aura nennen) zu erkennen, wo deine Ängste sind und zu erkennen, wo du es versäumt hast, deine Ängste zu erkennen und wo du deinen Ängsten nachgibst und wo du nicht mit ihnen fertig wirst, wo du sie nicht akzeptierst, wo du sie entweder verleugnest oder was auch immer der Fall sein mag. Also: Ja. Es kann oft von unseren vergangenen Karmas herkommen und tut es auch. Wenn es diese vergangene karmische Angst nicht gäbe, diese unvollständige Vorstellung aus vergangenem Karma, würde eure Stimm-Aura ihm nicht euren Schwachpunkt signalisieren, den er dann von einem psychologischen Standpunkt aus durch seine Worte und Handlungen erwecken kann, während du direkt davorstehst, den ganzen Sack mit nach Hause zu nehmen.

S: Also ist es beides. In einem vergangenen Leben hat man es verpatzt, und das macht einem Angst.

J: Und aufgrund des jetzigen Bildes wird man es in diesem Leben natürlich wieder verpatzen. Es ist so bequem zu sagen: „Oh, ich habe das schon gehabt, und es hat nicht funktioniert. Also macht es keinen Sinn, es nochmal zu versuchen, weil es sowieso nicht funktionieren wird“, und diese stagnierte, besiegte Einstellung anzusammeln, die sagt: „Nun, das ist es. Es steht geschrieben. Da es festgeschrieben wurde, kann es nicht verändert werden, und da es nicht verändert werden kann, muß ich lernen, damit zu leben.“ Das ist Unsinn, aber wenn es euch glücklich macht, damit zu leben, und wenn es euch glücklich macht zu wissen, daß es festgeschrieben ist und ihr euch in der Tatsache nachgebt, daß es festgeschrieben ist, dann macht um Himmels willen weiter damit. Ich werde sagen, daß ihr euch unerkannten und unbearbeiteten Ängsten unterwerft und daß sie die Klarheit eures kreativen Prozesses in diesem speziellen Leben beeinflussen und auch Stagnation in eurem Entwicklungsprozeß erschaffen. Das ist jetzt natürlich ganz universell gesagt.

S: Gibt es einen Weg, die Ängste von Menschen zu benutzen, um sie zu lehren?

J: Oh, sicherlich. Ich glaube, jeder Lehrer kommt letztendlich an einen Punkt, wo er die Veranschaulichung jeder Angst genauso wie jede Unterstützung wird, mit der ein bestimmter Klient oder Schüler gerade arbeitet. Ja, absolut. Sicherlich.

S: Wie macht man das?

J: Das kommt wiederum aus einem ausgeglichenen Selbstbild, und dieses ausgeglichene Selbstbild erlaubt dir, die manipulierende Angst, die den Menschen beeinflußt, zu erfahren und dir ihrer bewußt zu werden, und du spiegelst sie. Werde ein Rätsel. Und da die Menschen, wenn sie dich als Lehrer oder als Heiler oder als Unterstützung gewählt haben, auf dich blicken werden, um ihnen einige Information zu geben, etwas Ausrichtung und etwas Führung, ist das beste, was du für sie tun kannst, zu spiegeln.

S: Das wirft eine weitere Frage auf. Inwiefern unterscheidet sich Spiegeln von Mitgefühl, Anteilnahme und Mitleid.

J: Oh, es ist immens verschieden, weil man nicht beurteilt und man nicht seinen eigenen Status Quo herunterbringt, um diesem spezifischen unvollständigen Bild zu entsprechen. Ich würde nicht unbedingt in diesen gleichen physischen Prozeß, verbalen Prozeß oder emotionalen Prozeß wie du hineingehen, um das zu erreichen oder zu erhalten, von dem ich befürchte, daß es mir vorenthalten würde. Wenn ich dir also die Handlungen oder den Kurs zurückspiegeln würde, den du für dich ausgelegt hast, dann kannst du dieses Zurückspiegeln sehen, aber es beeinträchtigt mich nicht, weil ich für mich nicht das gleiche tun würde. Das ist der große Unterschied. Ich werde kein Urteil abgeben, und ich werde nicht mit dir mitfühlen, wenn du kämpfst. Wenn du kämpfst ist es, weil dir das Kämpfen Spaß macht. Nun, ich kann dir Möglichkeiten und Gelegenheiten anbieten, den Kampf zu stoppen, aber wenn du soviel Spaß am Kampf hast, weil er die Stagnation erlaubt...und wiederum bedeutet ‘du’ universell. Bitte versteht das, ich gebe in diesem Unterricht keine Privatberatungen, obwohl das Thema ‘Ängste’ es in diesem speziellen Unterricht zu sehr privater und sehr direkter Beschäftigung mit sich selbst bringt. Aber ich kann nur sagen, daß im Anschauen, wenn ich darin nicht-beurteilend bleibe und mir auch all der Fähigkeiten, die nicht durch die Ängste regiert sind, klar werde und nicht nur die Ängste spiegele, sondern auch die Fähigkeiten spiegele, daß es dann wiederum an dem Menschen liegt. Es hat nichts mit Mitgefühl, Anteilnahme oder Mitleid zu tun. Es hat alles zu tun mit Verstehen.

S: Kannst du mir bitte ein Beispiel dafür geben, die Ängste zu spiegeln?

J: Du spiegelst. Tatsache ist, ehrlich gesagt, daß ihr alle Spiegel seid. Jedesmal, wenn ihr einatmet und jedesmal, wenn ihr ausatmet, seid ihr Spiegel. Soll ich euch ein Beispiel geben? Würdest du bitte aufstehen? Ich habe euch diesen Kursus seit langem gegeben. Würdest du bitte aufstehen? Cindy, würdest du bitte aufstehen? Nun, so spiegelt ihr. Wenn ihr tatsächlich eure eigenen Ängste konfrontiert, dann liegt es darin, euch gegenseitig anzusehen, und in den aurischen Kraftfeldern und den Leben sind vorangenommene oder vorverstandene Konzepte, die ihr zuerst annehmen müßt. Ihr wärt nicht zusammen, wenn es da nicht irgendeine Art von karmischem oder dharmischem Band gäbe, das euch miteinander vereint. Vielleicht ist es nichts weiter als die Zwecke, die ihr übergeordnet erfüllen sollt. Nun, als konstruktiver Heiler würdet ihr diese spezielle Ansammlung von Atomen, diese spezielle Ansammlung von Ängsten sowie Vorzügen und Verstehensweisen und unausgeglichenen Bildern ansehen, und ihr würdet sehen, wie dies in der Verwaltung dieser speziellen Form konstruktiv ausgerichtet und gehandhabt wird. Alles, was ihr darin gesehen habt, ist das, womit ihr konstruktiv gearbeitet habt, mit euch selbst, und was ihr in euch erkannt habt. Alles, was ihr darin gesehen habt, das euch nicht gefällt, wären die Ängste, die ihr in euch angesammelt habt, und ihr könnt eure eigenen Ängste durch einen anderen Menschen gespiegelt viel eher sehen, als ihr sie von eurem Inneren her ausstrahlen sehen könnt. Wenn ihr den Spiegel praktiziert, dann spiegelt ihr ständig. Dann würdet ihr also wählen, nicht nur das zurückzuspiegeln, was ihr seht, sondern auch die Disziplin zurückzuspiegeln, die sie aus ihrer Stagnation herausbringen wird. Einfach. Ihr seht also, daß ihr ständig spiegelt und ständig jemanden lehrt. Ich habe euch das schon vorher gesagt, und als ich es gesagt habe, habe ich euch gebeten, euch zu fragen, ob euch gefällt, was ihr lehrt. Gefallen euch die Aussagen, die ihr als ein Rätsel in einer Gesellschaft mit ihren Ängsten, mit ihren Begrenzungen, mit ihren illusionären Konzepten ihrer selbst, mit anderen Worten ihren falschen Bildern macht? Seid ihr fähig, diese falschen Bilder anzuschauen, ohne unbedingt durch diese falschen Bilder beeinträchtigt zu werden und ohne nach unten in diese falschen Bilder zu gehen und ärgerlich zu werden und frustriert zu werden und was auch immer zu werden, was auch immer die Reaktion sein mag? Wenn ihr euren Platz als der Spiegel, als der Erfassende, als der Verstehende verlaßt und ihr anfangt, euren emotionalen Körpern zu erlauben, beeinträchtigt zu werden, anfangt, euren mentalen Körpern zu erlauben, beeinträchtigt zu werden, dann müßt ihr tiefer in euer Selbstbild gehen und anfangen, wiederum eure Muster des Selbstgewahrseins zu erweitern. Das ist das beste Beispiel, das ich euch geben kann. Aber ich habe euch dieses Beispiel seit einer Reihe von Jahren gegeben: „Stehe auf und begegne dir selbst.“ Ich habe euch über Karma und Dharma gelehrt, und wie ihr wie ein magnetischer Zug zueinander hingezogen werdet, weil jeder andere einen Wert, ein Konzept, einen Zweck repräsentiert, der entweder schlafend in eurem Wesen ist oder aktiv in eurem Wesen ist, und wenn ihr einfach, ohne Auswertung, Vergleich und Urteil diesen Menschen ansehen und mit Klarheit sehen und erkennen würdet, daß dieselben Dinge, die ihr seht und die euch stören, Dinge sind, mit denen ihr in euch arbeiten solltet.

S: Ein Spiegel zu sein bedeutet also nicht, aktiv zu spiegeln, sondern einfach nur zu spiegeln, indem man ist?

J: Es kann beides sein. Du kannst konstruktiv wählen, eine Aufführung und ein Verhalten zu jedem zurückzuspiegeln, mit dem du gerade zusammen bist. Der wirkliche Trick ist: Versinke nicht in deinem Spiegel. Und wenn du feststellst, daß du beginnst, durch dein Spiegeln beeinträchtigt zu werden, dann ist es Zeit, einen Moment zurückzugehen und einen Aufenthalt zu nehmen und zu sagen: „Will ich wirklich Teil davon werden? Will ich wirklich, daß dies meine Lebenskraft beeinträchtigt? Ist das dasjenige, womit ich leben will?“ Wenn es das nicht ist, dann löst du dich von deiner Aufnahme durch Spiegeln dieser spezifischen Angst und sagst: „Das bin ich nicht, es könnte ich sein, aber ich will nicht, daß es ich ist.“ Wir wissen, daß die Tendenz da ist, aber wir wissen auch, daß wir sie durch unsere Bilder und unsere Information kontrollieren können.

S: Aber man kann nicht weggehen?

J: Wie willst du von dir selbst weggehen? Du verfehlst immer noch das gesamte Konzept dieser ganzen Spiegel-Sache. Laßt es uns einmal so sagen. Alles, was ich bin, kannst du sein. Spiegeln.

S: Was ist mit der Angst vor dem Channeln?

J: Willst du, daß ich dir eine Diagnose darüber stelle? Gewöhnlich ist die Angst vor dem Channeln die Angst vor dem Enthüllen. Wann immer wir in einen erweiteren Zustand des Selbstbildes gehen, müssen wir auch auf den Rückschlag, auf einen Widerstand, auf eine, wenn du so willst, definitive Kreuzigung vorbereitet sein. Aber kannst du etwas anderes tun als zu channeln? Das meiste deines Lebens ist ohnehin gechanneled, auf der einen oder der anderen Dimension. Du kannst dir wirklich nicht all die Dinge anrechnen, die du sagst, weißt du, und du kannst sie wirklich nicht einfach mit deinen Jahren an Ausbildung und Studium gleichsetzen. Weißt du, du mußt dem 'alten Herrn' ein kleines bißchen von dem anrechnen, was er tut, einige von den Einflüssen, die er auf deine winzig kleinen Zellkörper hat. Ich weiß, daß wir alle uns Verdienste anrechnen wollen. „Sieh mal, was ich geschafft habe." In einem Maße ist das wunderbar, aber wir können auch unsere Angst begrenzen, wenn wir dieser Praktik folgen, besonders beim Channeln. Ich folge immer einer Richtlinie, und die Richtlinie ist diese: „Bin ich darauf aus, einen Selbst-Dienst zu tun, oder bin ich darauf aus, einen Dienst zu tun?" Wenn ich mir darüber Gedanken mache, was der Geist in meinem Gehirn zu mir sagen wird, in meinen Emotionen zu mir sagen wird, in meinem physischen Körper zu mir sagen wird, dann mache ich Selbst-Dienst. Aber wenn ich mir keine Gedanken darüber mache, und wenn ich einfach der Kanal bin und den Geist jede Person auf ihrer Ebene von Verstehen, ihrer Ebene von Erfassen berühren lasse, dann diene ich einfach. Beim Annähern an unsere Angst ist es dasselbe. Dies ist da, will ich von ihm manipuliert sein? Will ich, daß es weiterhin mein Leben beeinträchtigt oder will ich es annehmen, disziplinieren, ausrichten und die Kontrolle darüber haben? Seht, Offenlegung ist etwas, von dem ich befürchte, daß neunundneunzigeinhalb Prozent der Menschheit davor Angst hat. Warum? Wiederum falsche Bilder, unvollständige Information, korrekt? Wäre es nicht wunderbar, wenn wir alle einfach nur Liebe sein könnten? Wäre es nicht wunderbar, wenn wir alle einfach unsere Ängste nehmen könnten und sie in einen Papierkorb oder einen Papiersack stecken und zu dem Fluß fahren, der durch das

Herz dieser Stadt fließt und sie da hineinwerfen und sie mit all den vergangenen Erschaffungen, in die wir hineingegangen sind, hinunterdrücken, um sie dann niemals wiederzusehen? Ich fürchte, wir können das nicht tun, nicht wahr? Ich fürchte, daß wir uns selbst im Kommen und im Gehen begegnen sollen, und ich fürchte, daß wir unsere Ängste sehen und unsere Erfolge zurückspiegeln und all unsere Verständnisse zurückspiegeln sollen, damit wir die Rollen erlangen und erfüllen können, die zu spielen wir alle hier hergekommen sind.

S: Wenn wir nun einfach natürliche Kanäle sind -um auf das Thema des Spiegelns zurückzukommen- würde es dann nicht sozusagen einfach natürlicherweise geschehen? Wir würden nicht unbedingt darüber nachdenken müssen, ob wir ein Spiegel sein werden oder nicht und auf welcher Ebene, es würde einfach geschehen.

J: Das ist genau das, was geschieht. Versuche dich an meine Aussage von vorher zu erinnern. Du lehrst immer jemanden, und du spiegelst immer jemandem zurück. Du kannst konstruktiv wählen zu spiegeln, was dann Verhaltensmuster erschaffen würde, die deinen Vorstellungen fremd sind.

S: Also geschieht es nicht einfach natürlicherweise? Ich versuche gerade, herauszufinden...

J: Es ist der Grad des Spiegelns, das getan werden kann, das du machst, der entweder natürlich oder gewählt ist. Ich glaube, ich habe gesagt, daß man als Lehrer, als Heiler wählen würde, zurückzuspiegeln, aber in euren natürlichen schöpferischen Prozessen seid ihr alle Spiegel voneinander, und wenn ihr dazu kommt, euren eigenen Ängsten ins Gesicht zu sehen und ihr seht mich an und sagt: „Warum mag ich Heinz Schmidt nicht?“ Nun, vielleicht befürchtet Heinz Schmidt, daß ihr in seinen schöpferischen Prozessen Ängste reflektiert seht, die ihr in euch selbst erkannt habt. Also erzeugt ihr dann ein Zumachen, ihr erzeugt dann wiederum ein Selbstbild und ihr antwortet und reagiert aus der Angst heraus, euer eigenes Selbstbild zu erweitern, euch zu enthüllen und mit der Angst umzugehen. „Diese Gesellschaft mit Jack paßt nicht in meine Welt."

S: Es gibt Dinge in meinem Leben, vor denen hätte ich Angst haben sollen, ich hatte aber keine und führte mich auf wie ein „Haudrauf". Ich meine Dinge, die mich hätten schmerzen können, doch ich sagte: „Mir egal", oder „Scheiß drauf", und ich hatte keine Angst davor. Ich meine Dinge, die mich wirklich körperlich, emotional und gedanklich hätten verletzen können, und ich war wie ein echter, großer „Haudrauf", aber wenn es dann dazu kommt, daß mich jemand umarmen und sagen will: „Ich liebe dich", dann werde ich emotional, und ich falle auseinander. Warum bin ich so stark bei Dingen, vor denen ich Angst haben sollte?

J: Solltest du vor irgendetwas Angst haben?

S: Sind Ängste nicht eine Form von Schutz?

J: Nein. Absolut nicht.

S: Mit anderen Worten sind wir also unbesiegbar?

J: Mit anderen Worten seid ihr insofern unbesiegbar, als ihr grundlegend Energie seid; eure Energie existiert und entwickelt sich weiterhin durch alle Leben hindurch, und das einzige, was überhaupt von euch weggenommen werden könnte, wäre eure Persönlichkeits-Identifikation in diesem Leben. Wenn sie euch in diesem Leben weggenommen würde, dann wäre da eine großartige Lektion aus dem Wegnehmen zu lernen. Ich habe mir in diesen speziellen Ängsten, wie du sie schilderst, nie nachgegeben. Während der Sechziger, als ich als Geistlicher und medialer Mensch durch Chicago reiste, warf eine Gruppe von militanten Leuten riesengroße, schwere

Zementblöcke von den Brücken, die über die große Autobahn führten; und wenn man in ethnische Gegenden ging, riskierte man sein Leben, weil man erschossen werden konnte, ausgeraubt werden konnte, dies und das werden konnte. Nun, ich habe vor diesen Dingen niemals Angst gehabt, weil ich nie glaubte, daß mich etwas berühren könnte, außer es würde mich um einer Lektion willen berühren. Trotzdem bin ich nicht mit „Haudrauf"-Vorstellungen herumgelaufen, weil das nur ein Zudecken davon ist, den Ängsten ins Gesicht zu sehen. Aber es gibt nichts, wovor ihr Angst haben müßtet, außer die Angst selber.

S: Ich kann ehrlich sagen, daß ich vor anderen Dingen oder anderen Menschen keine Angst habe. Wovor ich Angst habe ist vor mir selbst.

J: Natürlich, daß ist grundlegend das, was jeder tut. Sie haben Angst vor sich selbst, und es läuft wiederum auf Selbstbild, unvollständige Information hinaus.

S: Mir fehlt da etwas, weil es wie im Nebel ist...

J: Ich kann dir die Antwort geben. Du kannst dir einen Weg durch Situationen hindurchschlagen, was bei den meisten Menschen Angstreaktionen hervorrufen würde, und du kannst dir mit Härte deinen Weg da hindurch bahnen, und das Hart-sein ist nur ein Übermänteln der unterschwelligen Angst, die da ist, aber in einer weichen, sanften Situation kannst du nicht wirklich hart werden, also reagierst du mit einer Abstands-Situation. Jedes von denen ist grundlegend Stagnation, nicht wahr? Sie erzeugen nicht die ganze Vorstellung, die du erreichen willst.

S: Ja, aber es hat mir auch Stärke gegeben.

J: Dir Stärke gegeben? Du hast die Stärke schon. Es gibt dir nur eine Gelegenheit, sie zu benutzen. Ich denke, du kannst so ziemlich hören, was ich sage. Es läuft nach wie vor auf unvollständige Information hinaus, nicht wahr? Es läuft nach wie vor auf eine unvollständige oder verzerrte Selbstsicht hinaus, und es liegt darin, diese Selbstsicht anzugehen, und es liegt darin, die notwendigen disziplinarischen Schritte anzugehen, um die Information hereinzubringen, die dieses Selbstbild erweitern wird. Nun, merkt euch, ich habe nicht 'ändern' gesagt. Ich habe fortwährend gesagt: "Erweitert euch darin", weil es genau das ist, was wir tun. Das Bild, das wir entwickelt haben, ob es „Haudrauf" ist, ob es Macho ist, oder was immer es ist, ist ein Bild, das wir manchmal benutzen, um unsere Ängste zu verdecken, manchmal, um sie nicht zu erkennen, manchmal wiederum, um den gewohnten Verhaltensmustern nachzugeben. Ich habe nicht gesagt, daß sie bequem sind, weil sie niemals bequem sind. Deshalb suchen wir als entwickelnde, denkende Menschen fortwährend nach größerer Information, größerem Bild des Selbst und größerer Gemeinschaft mit Spiegeln des Selbst. Und tatsächlich spiegelt jeder, es ist nur die Wahl, was sie spiegeln werden.

S: Wenn du eine Angst hattest, und du denkst, daß du mit der Angst umgegangen bist, und sie taucht nach, sagen wir, fünf Jahren wieder auf, heißt das, daß du sie die ganze Zeit unterdrückt hast und nicht mit ihr umgegangen bist?

J: Das ist richtig. Sie fragte, wenn man eine Angst hätte, und man denkt, man wäre mit ihr umgegangen, und sie kommt nach fünf Jahren wieder hochgekrochen, heißt das, daß man nicht damit umgegangen ist, man sie nur unterdrückt hat? Meine Antwort war: „Ja, genau das heißt es." Konfrontation wird auf zwei Ebenen geschehen. Wenn man einmal sein Selbstbild erweitert hat -da man ein kollektiver Teil von jedem ist, der von einem angezogen wird-kann man anfangen, als Lehrer zu spiegeln. Hier kommt der Lehrer herein, und ihr werdet Ängste konfrontieren, mit denen ihr umgegangen seid, Ängste, über die ihr mehr Information eingebracht und euer Selbstbild erweitert habt. Wenn ihr sie unterdrückt habt, werdet ihr durch die Ängste, die ihr zu dem Zeitpunkt in eurem Leben gespiegelt seht, beeinträchtigt werden.

S: Das verstehe ich nicht. Worum geht es bei den zwei Ebenen?

J: Die eine ist, daß du die Rolle des Lehrers spielst und du der Lehrer bist. Du hast deine Ängste konfrontiert, du hast neue Information eingebracht, du hast sie unter vollständiger Disziplin, vollständiger Erkenntnis, vollständigem Verständnis, und du erschaffst dein Leben in der Weise, dem Aussehen und der Form, wie du es haben willst. Nun, in diesem Prozeß hast du diese Angst nicht aufgelöst; diese Angst wird von deinen neuen Vorstellungen als Werkzeug benutzt, durch das dein erweitertes Selbst-Konzept ausgedrückt wird. Also sind es nun die anderen Dimensionen, mit denen man umgeht. Jetzt geht man in die unteren Astraldimensionen, und man fängt an, dieselbe Angst anzutreffen, wenn man wirklich damit umgegangen ist, wenn man sich wirklich darin erweitert hat. Sie ist immer noch da drin und ist nicht an der Wurzel abgehauen worden, sie kann nach wie vor pulsieren. Dann kommt sie wieder, und vielleicht beobachtest du Anne, und Anne hat eine Angst. Diese Angst kannst du mit deiner Angst gleichsetzen, und wie wirst du das nun handhaben? Stellst du fest, daß du durch Annes Angst beeinträchtigt wirst, stellst du fest, daß du mit Annes erschaffener Situation mitfühlst, oder stellst du fest, daß du Annes erschaffene Situation verstehst? Und stellst du fest, daß du deine Erweiterung mit Anne teilst und sie ihr spiegelst? Wenn das der Fall ist, dann bist du mit ihr umgegangen; du hast deine Angst nicht unterdrückt. Du gehst mit ihr um, sie ist diszipliniert, sie ist verstanden, und du hast dein Bild, deine Vorstellung erweitert, und du hast mehr Ausrichtung in dein Leben gebracht.

S: Du hast erklärt, daß zum Beispiel Höhenangst oder Angst vor

Wasser aktiv sind, und daß sie aus all unseren Leben herrühren. Mit anderen Worten: man muß in jedem Leben mit derselben Angst umgehen? Bis wann...

J: Ja, bis dahin, wo du jetzt bist, und du mußt sie bis zu dem Leben zurückverfolgen, wo die Angst eingeflößt wurde.

S: Ist das wahr?

J: Jawohl. Es bedeutet, sie den ganzen Weg zurückzujagen und zu verfolgen, bis zu dem bestimmten Leben, in dem diese Angst als ein zerstörerisches Werkzeug, das in dir arbeitet, entzündet, eingeflößt wurde. Deshalb machen wir Rückführungen, deshalb machen wir Verstehen vergangener Leben, deshalb versuchen wir, zu Beratern über vergangene Leben zu gehen, die durch das Akasha-Buch konstruktiv in die vergangenen Leben hineinsehen können und uns dann in ein größeres Erfassen der Tendenzen lenken können -und sie werden Tendenzen genannt- und dann liegt es an euch, sie zu erkennen und euch wiederum neu oder in größerer Weise bezüglich eurer Fähigkeiten, eurer Möglichkeiten und so weiter und so fort zu informieren. Nun, seht, in dem Moment, wo wir beginnen, diesem Prozeß nachzugehen, stellen wir fest, daß wir wirklich nicht viel Zeit haben, um durch jene Ängste beeinträchtigt oder berührt zu werden, mit denen wir umgegangen sind, jene Ängste, die wir wirklich angeschaut haben und die wir wirklich mit Informationen, neuen Informationen, stärkendere Informationen gefüttert haben; wir haben nur Zeit, um mit unserer Selbsterschaffung weiterzumachen, wir haben nur Zeit, um mit dem Ausdruck und mit dem Spiegeln unserer neuen Selbstvorstellungen oder erweiterten Selbstvorstellungen weiterzumachen. Ich hasse es, das als neu zu bezeichnen, weil es dazu bringt, so zu erscheinen, als würdet ihr etwas weglegen und etwas anderes aufnehmen. Das tut ihr nicht. Eure Ängste, eure positiven Tendenzen, eure Befürchtungen, sie sind alle Lernlektionen, und sie sind alle die Werkzeuge, durch die ihr in diesem Leben ein Gleichgewicht erschafft, ein Gleichgewicht und ein Korrekturmittel aus eurem vergangenen Leben. Wenn ich euch sage, daß ihr alle früher in vergangenen Leben zusammenwart, dann könnt ihr das intellektuell vielleicht erfassen, annehmen und damit arbeiten, aber dann ist wiederum die Tiefe dessen, wie ihr damit arbeiten werdet, die Tiefe, in der ihr bereit seid, eure eigenen Ängste anzusehen, die durch die Menschen veranschaulicht werden, die mit euch zusammen sind, die eure Rätsel oder eure Spiegel sind. Ich habe euch dieses Werkzeug schon früher in vielen Unterrichten gegeben, weil ich zu euch gesagt habe: „Bitte ändert euren Wortschatz nur ein kleines bißchen und fangt an, zu euch selbst zu sagen: „Hier, durch die Gnade GOTTES, gehe ich", nicht „Trotz der Gnade GOTTES gehe ich", denn in jedem gegebenen Moment kann jeder von uns sich entweder einer schlafenden oder einer aktiven Angst in unserem schöpferischen Bewußtsein unterwerfen und kann Situationen erschaffen, die körperlichen Verlust herbeiführen werden. Wißt ihr, das ist, wie ich es euch gesagt habe: wenn ihr mit der Angst vor dem Verlust des Lebens umgeht, und da Krebs ein vorherrschender Faktor ist, fangt ihr dann an, euch in den Krebs einzustimmen, ihr fangt an, ihn in den Äthern zu erzeugen und dann fangt ihr an, ihn zu erwecken, ihr fangt an, das schlafende Tier in euch zu wecken, und auf einmal habt ihr einen richtigen Fall von Tumoren und Krebs im Anmarsch. Nun, wenn ihr während dieses Erweckens erkennt, daß dies eine schlafende Angst vor einem Verlust des Lebens ist, und ihr anfangt, das Konzept anzuwenden, daß ihr Leben nicht verlieren könnt, daß ihr nur die körperliche Form verlieren könnt, sondern daß das Leben fortlaufend ist, und daß ihr nur niederlegt, was aufgebraucht oder was nicht mehr nützlich für euch ist, und daß ihr zu einer weiteren Dimension, einem weiteren Grad weitergeht, dann werdet ihr die Kontrolle dieser schöpferischen Angst über euren Prozeß, über euer Wohlbefinden, begrenzen.

Wenn ihr euch an die Auseinanderlegung von Selbst-Dienen und

Dienen erinnert, und wenn ihr das behaltet: Ich gehe nicht in eine Seance, um die Anerkennung von dem und dem zu kriegen, denn die Anerkennung von dem und dem ist so gut wie gar nichts auf der Bank. Wenn es einmal getan ist, ist es weg, es ist blank, es ist leer. Also gehe ich wirklich hinein, um mir selbst zu dienen, indem ich der Kanal bin, der diese Information zustandebringt -und was damit gemacht wird, liegt völlig an wem auch immer und was auch immer. Sie müssen damit schlafen, weil ich das Bedürfnis nach Anerkennung nicht habe oder nicht durch die Angst und das Bedürfnis nach Anerkennungen manipuliert werde, weil ich mich selbst anerkenne. Das ist Erweitern. Die Tatsache, daß wir alle in einem bestimmten Grad in den Helfer-Berufen sind -ob wir Verkäufer sind, ob wir Architekten sind, ob wir Bauleute sind, ob wir Bauunternehmer sind, ob wir Hausfrauen sind, ob wir Massagetherapeuten sind, ob wir Ingenieure sind, was immer wir sein mögen, wir sind in den Hilfsprogrammen, und die Arbeit, die wir tun, muß als Hilfe getan werden, zunächst für das Selbst und dann für die Welt, das Selbst des Selbst. Das Selbst des Selbst heißt Herr Schmidt, Fräulein Julia, Frau Krämer, der ganze Apparat, während wir miteinander interagieren und wir unseren Ängsten ins Gesicht sehen, unsere Ängste verstehen, und erkennen, daß Angst eine unvollständige Vorstellung, Selbstvorstellung ist, daß sie ein Vergleich, ein Urteil, eine Begrenzung, ein Stillstand ist, und wir sehen ihr ins Gesicht. Und dann fangen wir an zu spiegeln, und dann trefft ihr Menschen, die nach fünf Jahren wiederkommen, und sie werden euch diese Angst spiegeln, sie werden sie zu euch reflektieren. Wenn das in euch ein Gefühl von Einheit entzündet, erweckt, ein Gefühl von Reaktion, das die Furcht, die Abneigung, die Mißbilligung, das Urteil erregt, dann seid ihr nicht wirklich damit umgegangen, ihr habt es durch äußere disziplinarische Maßnahmen überdeckt, und ihr habt nicht wirklich verstanden, woher es kommt, warum es da ist und warum ihr zu diesem Zeitpunkt damit arbeiten solltet. Seht mal, grundlegend, würdet ihr das wirklich glauben? Als Kind arbeitete ich mit riesiger Unsicherheit bezüglich des Sprechens vor einem öffentlichen Publikum, bezüglich des Aufstehens und des was auch immer, wirklich was auch immer Durchführens. Ich zog es vor, mich in einer kleinen Ecke zu verstecken und einfach mit meinen unsichtbaren Spielkameraden zu spielen. Ich hatte keine Kommunikation, außer der, die mir durch den Ausbildungsprozeß aufgezwungen wurde, noch nicht einmal sehr viel mit meiner Schwester und meinem Bruder, bis ich wählte, diese Angst zurückzuverfolgen und festzustellen, auf welches Leben sie zurückging, warum sie da war, was ich jetzt mit ihr anfangen würde. Soll ich stagnieren und was auch immer sein? Ich könnte trotzdem spirituelle Einsicht erlangen, aber ich wäre irgendwo in einer Höhle, entweder in Indien oder in den Bergen von Colorado, lebte von den Früchten des Bodens, was ich natürlich tun kann, wenn ich muß, aber das ist nicht Teil meines Evolutionsprozesses. Mein Evolutionsprozeß ist Enthüllung, und dann muß ich bereit sein, zu spiegeln, womit ich konfrontiert bin, und jeden Menschen durch mich, in mir, sich selbst sehen lassen und die Späne dahin fallen lassen, wohin sie wollen. Mein Zutrauen und mein Verständnis ist dieses sich erweiternde Bewußtsein, daß ich nur diene. Wenn ich nun versuche, eure Zuneigung zu erkaufen, dann könnte ich selbstdienend sein, nicht wahr? Ich könnte zu euch sagen: „Du beweist mir jetzt, daß ich alles bin, von dem ich nicht glaube, daß ich es bin." Nun, wie oft habt ihr das gesehen?

S: Noch nie.

J: Noch nie! Wie oft habt ihr das gesehen?

S: Würde es funktionieren, wenn man es täte?

J: Es wird nicht funktionieren. Ich habe Neuigkeiten für euch. Es funktioniert einfach nicht. Habt einfach Angst davor, hineinzugehen und euren Chef um eine Lohnerhöhung zu bitten, und wartet ab, was passiert. Er wird auf diese Anfrage reagieren, und ihr mögt absolut ein Anrecht darauf haben. In der Tat gehe ich von der Prämisse aus, daß ihr es habt, aber wenn ihr diese Kommunikation fürchtet, wenn ihr diesen spezifischen Ausdruck fürchtet, werdet ihr diese Lohnerhöhung nicht bekommen. Ich garantiere euch, ihr werdet diese Lohnerhöhung nicht bekommen. Das ist wie bei diesem Mann, der sagt, daß wenn ihr dies richtig macht und diese Zahl richtig, diese Zahlenreihe, dann habt ihr die Million. Seht, der Chef wird die Angst in eurer Anfrage sehen und hören und fühlen, und er wird auf eure Ängste im Gegensatz zu eurer Sicherheit reagieren. Ihr nennt es Sicherheit, ich nenne es erweitertes Selbstbild. Ihr nennt es positives Denken, ich nenne es ein ausgedehntes Selbstbild.

S: Gibt es eine Verbindung zwischen Angst und einem Widerstand, ein Spiel zu spielen, weißt du, wie zum Beispiel ein Kartenspiel und Poker oder was auch immer?

J: Ja, sicher. Das rührt wahrscheinlich von einer Angst vor Wettkämpfen und einer Angst vor dem Verlieren, dem Wettstreit, her.

S: Wie ist es mit Glücksspielen? Ist das auch dasselbe? Auch wenn man es nicht mit einer anderen Person macht? Obwohl, eigentlich macht man es ja .

J: Natürlich macht man es. Man geht mit einer anderen Person um, man geht mit den lebenden Objekten von Würfeln, von Karten, was immer der Fall sein mag, um. Ihr wärt überrascht, wieviele sehr, sehr erleuchtete mediale oder feinfühlige oder was auch immer Menschen ich in meiner Laufbahn trainiert und mit wievielen ich gearbeitet habe, die, wenn es dazu kam, daß sie wegen ihrer außersinnlichen Wahrnehmungen von irgendeiner der wissenschaftlichen Universitäten getestet wurden, völlig und total durchgerasselt sind, weil sie in dem Moment, in dem sie erkannten, daß sie getestet wurden, zumachten und ihre Angst vor Enthüllung übernahm das Kommando, und sie konnten gar nichts mehr fertigbringen. Ihr wärt überrascht, wieviele meiner feinfühligen Leute fantastische Beratung von Person zu Person machen können -aber stelle sie in einer öffentlichen Demonstration auf, und ihre Knie werden Pudding, ihre gesamte Feinfühligkeit wird durch ihre eigenen Ängste verzerrt, und dann kommen sie mit einem Zehntel Klarheit, der Hälfte Klarheit, was auch immer der Fall sein mag, heraus, aufgrund dieser Angst vor Enthüllung, dieses unvollständigen Selbstbilds, dieser unvollständigen Selbstvorstellung. Glücksspiele sind die gleiche Sache. Ihr geht mit: „Ist die Glücksfee auf meiner Seite?“ um. Nun, ihr macht eure eigene Glücksfee, und ihr beginnt, eure Gedankenprozesse zum Programmieren zu benutzen. Ihr programmiert das tatsächlich durch den Energiefluß, und ihr sagt: „Sollte ich das wiederum zu Selbstnachgiebigkeit, Selbstgewinn, Selbstbefriedigung und Selbstdienst tun, oder sollte ich das tun, um zu dienen?“

S: Ich dachte nur: Zum Beispiel das Schachspiel ist ein ziemlich anregendes Spiel für den Verstand, im Gegensatz zu dem Spielen mit einem anderen Menschen und alles darüber zu lernen. Aber ich glaube, daß die Wahrheit bei dieser Sache ist, daß wenn man wirklich versucht, ein allgemein toleranter Mensch zu sein, ohne irgendwelche Kunstgriffe, dann nehme ich an, daß es wirklich nicht besonders konstruktiv ist, seine Zeit auf dieses Spiel zu verwenden, wenn man sich in der Spiritualität weiterentwickelt. Verstehst du, was ich meine?

J: Nun, erweitere das Konzept und denke an das, was getan werden kann, während du Schach spielst. Ich will eine Grundlage, und in dieser direkten Linie von ausgetauschter Schwingung spielst du dieses eher überflüssige Spiel Schach, das ein gewisses Maß an Intellekt erfordert, das ein gewisses Maß an Konzentration erfordert, und wenn du die einmal zusammenhast, denke an all die Projektion, die du zu dem Menschen hin tun kannst, der dir gegenübersitzt. Sieh mal, ich finde immer Wege -selbst in Unterhaltungen über Filmstars oder was im Fernsehen kommt oder was auch immer- diese Zeit aus einer anderen Phase meines schöpferischen Vorgangs zu nehmen und anzufangen, zu wem auch immer hinzuprojizieren, was immer auch nötig ist. Aber weißt du, wenigstens...

S: ...setzt du es sinnvoll ein.

J: Ja, warum nicht?

S: Ich nehme als Beispiel die Angst vor Krieg. Das wäre wiederum das physische Leben zu verlieren. Nun, mit der erweiterten Vorstellung, daß alles Energie ist und man das Leben nicht verlieren kann...aber welches sind die Schritte, um dies vom mentalen Verstand zum emotionalen Verstand zu bringen?

J: Zunächst einmal würdest du zweifellos zurückverfolgen müssen, in welchem Leben du in den Krieg gezogen bist und was in diesem Leben in diesem Kriegszustand geschehen ist. Das wird dann ein unvollständiges Bild erwecken, denn warum werden alle Kriege gekämpft? Alle Kriege werden gekämpft, weil ein Mensch die Werte eines anderen Menschen eingeschätzt hat und sich unterlegen gefühlt hat, oder er hat sich verneint gefühlt, so daß er durch den Akt der Gewalt das wegnehmen will, was jemand anderem gehört, damit er sich dann auf eine Art diesem anderen Bild seiner selbst gegenüber gleichwertig fühlen kann. Du kannst das auf Menschen ausdehnen, auf eine Gruppe von Menschen oder auf Nationen, die Angst haben, daß ihnen etwas vorenthalten wird; oder die andere Seite der Münze ist nicht, daß ihnen etwas vorenthalten wird, sondern daß ihnen etwas weggenommen werden wird. Nun, bei meinen Aufenthalten bei den Meistern des Fernen Ostens machen sie es uns allen gegenüber, die um sie herum versammelt sind, sehr klar, daß ihr tatsächlich nichts verlieren könnt; ihr könnt absolut nichts verlieren und nichts kann euch weggenommen werden, weil es alles in einer Dimension von schöpferischer Energie-Kraft existiert. Als Ergebnis davon zeigen sie uns also, wie wir Kriege vermeiden, wie wir Konfrontation vermeiden, indem wir unsere Ängste untersuchen, unsere Selbstbeurteilungen untersuchen, unsere Selbstvergleiche untersuchen und indem wir uns selbst in diesen Zustand der Neutralität bringen. Sie haben also oftmals gesagt: „Selbst wenn euer Land von einem anderen Land überrannt werden sollte und eure Besitztümer eingezogen werden sollten, sind das nur vorübergehende Werte, die nicht euer Wesen bedeuten, und euer Wesen kann unter keinen Umständen durch einen Tyrannen berührt werden, es sei denn, ihr laßt zu, daß es berührt wird." Das heißt es, damit klarzukommen, was euer Wesen ist. Ist dein Wesen Anne Schmidt? Ist dein Wesen Julia Müller? Wenn das euer Wesen ist, dann kann das berührt werden. Wenn das eure Vorstellung und eure Identität ist, dann kann das zerstört werden, es kann verzerrt werden. Aber wenn ihr in dem wahren Bild eures Wesens seid -auf welcher Stufe, auf welcher Ebene ihr auch immer zu erfassen fähig seid- und es geht über die körperlich verglichenen Begrenzungen und Ängste hinaus, wenn es in all diese Ängste hineinreicht und es bringt ein Gefühl von Bewußtsein, Disziplin, Erfassen und Erweitern, dann benutzt ihr diese Ängste als Werkzeuge, mit denen ihr der Gesellschaft ihre spezifischen Ängste und Begrenzungen spiegelt.

S: Wie machst du das? Mein mentaler Verstand sagt: „Ich verstehe das", aber da ist immer noch diese unvermittelte Reaktion, wenn es im Physischen geschieht. Sprichst du zu dir selbst?

J: Natürlich sprichst du zu dir selbst. Du sprichst mit deinem emotionalen System, du sprichst mit deinem Gefäßsystem, und du befiehlst ihnen, sich zu benehmen. Du sagst ihnen, daß du es nicht zulassen wirst, daß diese Angst -was immer die Angst sein mag: ob es einfach eine Angst davor ist, mißbraucht und ausgenutzt zu werden... Ihr wärt überrascht über die verschiedenen äußeren Handlungen oder Reaktionen, in die wir aus einer unterschwelligen Angst davor, mißbraucht oder ausgenutzt zu werden, hineingehen. Nun, macht das tatsächlich Sinn?

S: Wir werden irgendwie von unseren Ängsten angezogen und trotzdem gibt es einen Teil von uns, der sich nicht mit ihnen identifizieren will, der vor ihnen weglaufen will, und wir wünschen, wir könnten ohne sie leben. Was ist das? Was ist diese Dualität?

J: Vor ihnen wegzulaufen und doch zu ihnen hingezogen zu sein? Ich glaube, ich habe das bereits beantwortet, doch ich werde es nochmal tun, denn tatsächlich wirst du beides konfrontieren, deine Ängste und deine Hilfen, fortwährend durch das Leben hindurch auf den vielen Frequenz- und Dimensionsebenen, und du wirst der Erkenntnis gegenüberstehen: Habe ich es wirklich verstanden, habe ich es wirklich diszipliniert, habe ich die Kontrolle darüber oder kontrolliert es mich? Und da so viele von uns nicht wirklich diese gewohnte Sicht unserer selbst aufgeben und eine weitere Sicht unserer selbst sehen wollen, aufgrund des Hineingehens in das Unbekannte und Glauben und Vertrauen in das Unbekannte zu haben, haben wir eine Tendenz, bei dem zu bleiben, was gewohnt ist.

S: Wie arbeiten wir mit unseren Körpern, wenn wir wissen, daß wir bestimmte Körperprobleme oder Haltungsprobleme haben, die mit der Angst in Verbindung stehen?

J: Höre auf, es zu beurteilen.

S. Aber wir stehen dem täglich gegenüber. Wie können wir es nicht beurteilen?

J: Es heißt auch nicht, daß du es nicht jeden Tag beurteilst. Höre auf, es zu beurteilen. Höre auf, dieses Ungleichgewicht der Wirbelsäule eine Begrenzung sein zu lassen, und dann suche und strebe nach den verschiedenen, vorherrschenden Hilfsmitteln, die dir dabei helfen werden, es zu korrigieren und die Aussage zu machen, die du machen willst. Durch positives Denken, durch Farbanwendung, durch Kräutermedizin und Dinge dieser Art, und durch eine vollständige und totale Bereitschaft, dich in deiner Vorstellung von dir selbst zu erweitern.

S: Wie ist es mit der Familie? Dort sind wir unseren Beurteilungen wirklich sehr stark, sehr intensiv begegnet.

J: Ihr werdet dieser Angst vor Beurteilung sehr stark und sehr intensiv begegnen. Versucht euch zu erinnern, was ich zu Claudia über den Mann gesagt habe, der euch gerade Millionen von Dollars geben will, aber das dann unterstreicht, indem er sagt: „Mach diesen nächsten richtig, und du hast den ganzen Kuchen." Er spielt bereits mit seinem vorher angenommenen, seinem verstandenen Bewußtsein eurer Ängste, und er will euch wirklich den ganzen Kuchen geben, er will, daß ihr ihn aus eurem Inneren heraus bekommt. Seht, die vorherrschende Angst, mit der gespielt wird, ist die Selbstachtung, und die Mehrzahl der Menschen weiß sofort, wo deine Schwachpunkte sind, sie wissen sofort, wo sie reinbohren müssen und deine selbstbeurteilten Begrenzungen erwecken können und deine Angstprozesse erwecken und reizen und stimulieren können, so daß du fortlaufend um Anerkennung kämpfen mußt. Du kannst durchs Leben gehen und um Anerkennung kämpfen, und am Ende deiner Tage, wenn du all deine schöpferische Energie verschwendet hast und hast in diesem sehr praktischen Denkzustand von: „Ich bin einfach nichts wert, ich habe überhaupt nichts zu bieten. Immerhin hat jeder mich zurückgewiesen", gelebt, wirst du damit klarkommen, daß sie dir natürlicherweise nur den vorherrschendsten Faktor von dem gegeben haben, worum du gebeten hast.

S: Wie arbeite ich damit?

J: Indem du dich entscheidest, deine eigenen Bedürfnisse und deine eigenen Wünsche und deine eigenen Bitten zu erfüllen. Dann, indem du sie erfüllt hast und du deinen eigenen Schreckgespenstern ins Gesicht gesehen hast und du deine Selbst-Vorstellung erweitert hast und du ein neues Bild zeigst, wirst du automatisch all die Dinge zu dir anziehen, von denen du dachtest, daß sie dir vorenthalten würden, weil du die Zustimmungen nicht hattest, du den äußeren Anreiz und die Anerkennung nicht hattest, doch weißt du, es muß tatsächlich alles innen beginnen, nicht wahr? Wenn wir all unseren Ängsten ins Gesicht sehen, müssen wir a) den Wunsch haben, dann b) müssen wir die Erkenntnis haben und dann c) müssen wir die Mentation und Kontemplation und all diese guten Dinge haben, und dann die Disziplin. Seht, ich sage ihr gerne: „Warum magst du dich nicht so wie du bist? Wenn du dich so magst wie du bist, wie du da stehst, aber du bist nicht zufrieden mit dir selbst, dann kannst du anfangen, deinen Ängsten ins Gesicht zu sehen, deine Selbst-Vorstellung durch die Disziplinen und die Ausrichtungen, die du wählst, zu erweitern, und du weißt, daß du der Meister und der Kapitän deine Schiffes bist, und du übergibst die Macht nur da, wo du es willst, weil du hoffst, daß jemand anderer es für dich tun wird.“ Doch letztendlich wissen wir alle, daß es von uns selbst getan werden muß.

S: Ich dachte gerade an etwas wie universelle Ängste oder Gruppenängste, oder Ängste, die von Ländern erfahren werden, oder da könnte es Gruppenängste geben, die in dieser Organisation bestehen, etwas, das wir erfahren und anschauen können.

J: Ja, die gibt es absolut, das ist keine Frage. Das Schlimmste, was man als Lehrer tun kann ist, diese Gruppenängste unter den Teppich von verwischter oder verzerrter Akzeptanz zu kehren.

S: Zum Beispiel wenn du eine Beratung oder ein Reading für jemanden machst, der eine Angst hat, die auf einer Erfahrungshandlung beruht, und dann lassen sie es erscheinen, als wäre es eine angenommene Angst. Es ist nicht wie eine falsche Angst - ich meine: Eine Angst ist für die Person wahr, die sie hat, aber du weißt in dir, daß das an der Einbildung oder was immer der Gesamtperson liegt. Zum Beispiel bei Fällen von Kindesmißbrauch, wo sie, während die Leute älter wurden und da durcharbeiteten, merkten, daß sie durch ihre eigene Vorstellung tatsächlich mehr mißbraucht wurden, als sie es tatsächlich geworden sind. Doch für sie sind sie mißbraucht worden. Es war eine Tatsache. Du weißt selbst, daß das nicht die Wahrheit ist, also wie machst du...

J: Abhängig von ihrem Grad an Aufnahmebereitschaft verfolge ich es gern bis zu dem Leben zurück, in dem diese unausgeglichene Interaktion da war, erschaffen wurde, und sehe, wie sie vervielfältigt wurde, während sie mit denselben Energiefrequenzen in verschiedenen Formen in anderen Leben gelebt haben. Ich versuche, ihnen die Tatsache bewußt zu machen, daß sie die Waagschalen bezahlt und ausgeglichen haben, und daß sie keine Angst davor haben müssen, zum jetzigen Zeitpunkt mißbraucht zu werden, wenn sie zu einem weiteren Bild kommen können, daß sie nicht unterlegen waren, daß sie nicht unzulänglich waren. Der Mensch, der die Mißbrauchshandlung gemacht hat, litt unter seinen/ihren Unzulänglichkeiten, litt unter seinen/ihren Ängsten, und sie brauchen das nicht auf sich selbst zu beziehen. Es ist sehr, sehr schwierig, das einem Kind zu vermitteln, aber es geht, es geht. Selbst wenn man das Konzept der Reinkarnation nicht einbringen kann, kann man doch die Tatsache einbringen, zu sehen, den Mißbrauchten sehen zu lassen, daß der Mißbrauchende schwerer litt als der Mißbrauchte.

S: Was ist, wenn die Person sich der Reinkarnation oder karmischer Bande nicht bewußt ist?

J: Aber man kann nach wie vor dem gleichen Grundsatz folgen. Wenn wir irgendwelchen Ängsten ins Gesicht sehen, ist das Schlimmste, was wir tun können, sie abzuleugnen. Wir werden uns mit den verschiedenen Arten, wie wir sie ableugnen, befassen, wenn wir morgen mit diesem Unterricht fortfahren. Dies ist nur eine Art Vorspiel in den Unterricht hinein, doch wenn wir zu der Erkenntnis kommen, daß die Täter schwerer leiden als der tatsächliche Empfänger, weil sie wirklich durch ihr illusionäres Bild ihrer selbst manipuliert werden...und dann lassen sie also ihren Selbsthaß an jedem oder allem aus, wo sie das Gefühl haben, daß es empfänglich dafür oder annehmend dafür ist. Als Ergebnis davon kann man also nicht ableugnen, daß es passiert ist, man kann nicht ableugnen, daß es existiert hat, aber man kann ganz sicher anfangen, das Selbstbild zu erweitern, indem man sagt: „Hey, warte mal, hast du das verdient?" Laß' sie in ihrem Verstand zurückverfolgen, und dann kriege sie sehr, sehr kalkuliert dazu, ihre eigene Frage zu beantworten: „Nein, wir haben nichts getan, um das zu verdienen." Dann muß offensichtlich der Fehler beim Ausführenden liegen. Das gibt ihnen dann ein neues Bild, wenn wir jene Ängste enthüllen, die durch Mißbrauch erweckt werden.

S: Wie paßt das Bild der Büchse der Pandora da hinein?

J: Nun, es ist kein Bild der Büchse der Pandora. Die Büchse der Pandora repräsentiert einfach nur die Nichtbereitschaft, in das Dahinter zu sehen. Wir alle mühen uns, einen hohen Berg des Verstehens, einen hohen Berg der Selbstrealisation zu ersteigen, aber wir erreichen auch Plateaus, wo unsere Ängste vor der Büchse der Pandora, davor, uns selbst für uns selbst zu öffnen, sehr vorherrschend zu sein scheinen und eine sehr wirksame Aktion in unseren Leben zu sein scheinen. Das einzige, was ich sagen kann ist: Da kommt eure Disziplin, da kommt euer Verlangen und da kommt eure Entschlossenheit hinein, und es ist wirklich eine Angelegenheit von Geist über Materie.

S: Ist es Geist über Materie? In der Geschichte hatte der männliche Aspekt all das schlimme Zeug in die Kiste gesperrt und die Frau wollte sie öffnen, weil sie glaubte, es sei unerreichbar. Sie öffnet die Kiste und all die kleinen Ungeziefer kommen heraus.

J: Eigentlich kommt das Ungeheuer heraus und nimmt ihr das Leben.

S: Stimmt. Die feinfühlige Seite will, daß das Zeug draußen im Freien ist, und es ist das männliche Prinzip, das aus dem Gleichgewicht ist, das versucht, es in einer Kiste verschlossen zu halten.

J: Wie wäre es, die Worte „aktives Prinzip" zu ersetzen durch: „die akzeptierten Verhaltensmuster" lassen es in der Kiste. Die erfaßten Verhaltensmuster wollen den Deckel geschlossen halten. Was er sagt ist einfach, daß jeder von uns durch seine Sensitivität, seine Weiblichkeit... Er setzt das mit Yin und Yang gleich; er will es alles in einen Zustand von Ordnung in seinen Denkprozessen bringen, was man natürlich tun kann. Sicherlich ist diese gesamte Tendenz, diese Unterscheidung zwischen männlich und weiblich zu machen -es ist mein weibliches Prinzip, das diese Angst hervorruft, meine Weichheit, meine Feinfühligkeit- etwas überzogen und zeigt eine Angst an. Immer, wenn wir soviel Analyse unserer weiblichen und unserer männlichen Tendenzen machen müssen und damit unseren besten Fähigkeiten gemäß umgehen, indem wir sagen: Unser weibliches, unser Intuitives, unser Sensitives fordert, daß uns das Juwel gegeben wird, doch unsere aktive männliche Präsenz will definitiv Kontrolle und will nicht, daß sich irgendetwas ändert. Das zeigt ein nicht ganz gutes Gleichgewicht im Erfassen dieses In-eine-Einheit-Verschmelzens und des Wesens an. Doch wie dem auch sei, ja, wenn man es so fein aufschlüsselt: Dein weiblicher, sensitiver, intuitiver Wunsch hat dich dazu motiviert, dein männliches Macho-Selbstbild zu erweitern und dich ausdehnen und deinen Berg erklimmen zu wollen, aber wenn du die Kiste öffnest und mit der Tatsache ins Reine kommst, daß du, nun, weinen könntest, du nicht immer das absolute, Klasse A, Nummer 1, perfekte

Beispiel von Männlichkeit sein könntest, das die Antwort auf alle Probleme hat, dann mußt du mit den Ängsten davor umgehen, diese unvollständige männliche Macho-Vorstellung aufzudecken. Nun, nicht nur vor dir selbst, sondern vor allen anderen.

S: Die sehen das sowieso schon.

J: Zum größten Teil, aber du wärst überrascht zu sehen, wie sehr wir uns selbst täuschen, und wir täuschen uns, weil wir letztendlich einen Wert erhalten wollen, den wir von vornherein gar nicht haben. Also sagen wir in unseren Erwartungen: Also, Karl, du mußt ganz, ganz stark sein und du mußt dich um mich kümmern, und Karl, ich brauche dreitausend Mark im Monat, um für dein Haus zu sorgen und deine Kinder aufzuziehen. Ich brauche ein neues Auto, und ich brauche einen Nerzmantel, damit ich mit den anderen Mädchen mitgehen kann, Karl. Schließlich will ich nicht, daß man von mir denkt, ich wäre Karls arme Ehefrau, und Karl, ich will an sieben Tagen der Woche Sex, zweimal täglich. Du mußt mich mich weiblich fühlen lassen und du mußt mich dazu bringen, all das zu tun. All die Erwartungen sind Übertragungen aufgrund eurer eigenen unvollständigen Bilder.

S: (macht einen Witz)

J: Nun, wenn ihr irgendetwas von dem oben Stehenden wählt und ihr die Rolle spielt, dann zeigt das, was ihr von dem oben Stehenden gewählt habt, eure eigene Angst vor Selbsterkenntnis an, mit der umgegangen werden muß, weil ihr in dieser glorreichen Erwartung schwelgt, die euch beweist, daß ihr ein Mann seid, fähig, zweimal täglich Liebe zu machen, sieben Tage die Woche und so weiter, und ihr tut das aus Zwecken des Selbstnutzens und nicht, um zu Diensten zu sein. Ihr seht, wie kompliziert dieser Unterricht über Ängste werden kann, doch ihr ersteigt alle gerade diesen Berg, und da ist dieses riesengroße Schreckgespenst: Was fange ich damit

an, wenn ich es einmal habe?
Nun, wartet mal einen Moment, das ist die größte Angst auf der Welt. Was in Gottes Namen werde ich damit anfangen, wenn ich es einmal habe? Also, ich werde rausgehen und einen neuen Rolls Royce kaufen, und ich werde mir ein Zimmermädchen mieten, das im Haus wohnt, ich werde nie mehr einen Finger rühren müssen, ich werde auf der Veranda sitzen und Cola mit Rum trinken, und ich werde einfach von vorne bis hinten bedient werden -doch zu dem Zeitpunkt, wenn wir all diese Wünsche erfüllt kriegen, sitzen wir da und sind immer noch mit unseren Ängsten konfrontiert. Das Geld hat uns nicht besser gemacht als bevor wir es hatten. Wenn wir unseren Ängsten nicht ins Gesicht sehen, dann macht die Weisheit uns nicht besser als wir es waren, bevor wir sie hatten, und der Sex macht uns nicht besser, als wir es waren, bevor wir ihn hatten und so weiter und so fort. Ihr seht also, daß Pandoras Büchse zu öffnen in das Unbekannte hineingehen, in das Okkulte hineingehen heißt, und wir haben uns wiederum durch vergangene Leben sehr, sehr, sehr, nicht bequem mit ihnen eingerichtet, aber an unsere Ängste gewöhnt, die wahr sind und bestehen, und die einzige Art, das Bild zu verändern, ist indem man sich erweitert und den Ängsten ins Gesicht sieht.

S: Wie sieht es mit der Tatsache aus, daß wir vor der Angst fliehen, indem wir vorbereitet sind, wie zum Beispiel eine Versicherung zu haben, damit wir uns keine Sorgen darüber machen müssen.

J: Das machst du mit allem, Claudia. Wenn du zum Unterricht kommst, bereitest du deinen Verstand vor, um mehr Informationen hineinzugeben. So, siehst du, hast du dein Selbstbild erweitert, indem du gesagt hast: „Ach, ich kann damit fertigwerden, weil ich noch einen Reifen im Auto habe." Du bringst es in eine andere Dimension. „Ich kann mit Armut fertigwerden, weil ich hundert Mark versteckt habe." Nun, hundert Mark werden wie nichts verschwinden, doch es ist eine Vorbereitung, und um jedwede Ängste akzeptieren und konfrontieren zu können, müssen wir die nötigen Vorbereitungen oder Erleuchtungen oder Ausbildungen machen, die uns dann die Information und die Fähigkeit geben, der Angst ins Gesicht zu sehen und mit ihr umzugehen -sie mehr oder weniger zu konfrontieren.

S: Wie sieht es mit der Angst vor dem Unbekannten aus? Wie gehen wir damit um?

J: Ich handhabe das immer, indem ich mir das ansehe, was bekannt ist. Wenn ich total zufrieden mit dem bin, was bekannt ist, dann mache ich natürlich nicht den Schritt in das Unbekannte hinein, aber wenn mir das, was bekannt ist, nicht gefällt, dann kommt es mir zu, den Schritt zu tun und nicht zurückzuschauen wie Lots Frau. Wißt ihr, wenn ihr zurückschaut, werdet ihr mehr oder weniger zur Salzsäule. Doch wenn ihr eine Angst einmal angesehen habt, und wenn ihr einmal durch den Prozeß gegangen seid, nicht beurteilend mit dieser Angst zu sein, dann könnt ihr euch zurücklehnen und in die disziplinären oder Vorbereitungsstadien hineingehen, so daß ihr mit der Angst fertigwerden könnt und ihr sie nicht unter den Teppich kehren müßt oder ihr sie nicht verwischen müßt, indem ihr sie mit einem Haufen anderem Müll überdeckt, und Verleugnung ist einer davon. Seht, letztendlich, grundlegend habt ihr alles, ihr habt absolut alles, was ihr wollt und womit zu arbeiten ihr euch wert fühlt. Das ist Regel Nummer eins. Ihr habt soviel gute Gesundheit, wie ihr wollt, ihr habt soviel Wohlstand, wie ihr wollt, ihr habt soviel Freiheit, wie ihr wollt, und ihr habt soviel Verstehen, wie ihr wollt. Wenn ihr zu dieser spezifischen Grundlage kommt, dann könnt ihr euch zurücklehnen und sagen: „Heißt dies, Glücklichsein zu erschaffen? Heißt dies, mein volles Ziel, Zweck und Ausrichtung zu manifestieren? Wenn es das nicht tut, dann laßt uns eure Ängste ansehen, laßt uns ansehen, warum ihr in euch nicht erkennt, daß ihr alles habt, und wo ihr euch in diesen versteckten Ängsten aus entweder euren unterbewußten Bereichen oder euren unbewußten Bereichen nachgebt, die sich dann als Selbstbeurteilungen im bewußten Verstand ausdrücken; Selbstbeurteilungen, Selbstbegrenzungen und Selbst-Stagnationen.

S: Wenn du dich einmal zurückbewegt hast und zurückgegangen bist und ein Ereignis in deinem vergangenen Leben gefunden hast, das jetzt deine Angst verursacht, welche Art von Technik benutzt du dann?

J: Du könntest ein Hooponopono benutzen, um dich davon zu befreien. Es liegt darin, deinen Anteil an der Erschaffung zu akzeptieren und um Vergebung zu bitten. Wenn du das tatsächlich aussprichst und es hörbar in den Äthern hörst, hat es seine Wirkung, indem du es wieder in dein System einatmest. Es geht über die bloß mentale Erkenntnis hinaus, und es beginnt, an deinen sensorischen Körpern zu arbeiten, denn, siehst du, wir müssen wirklich alle drei Körper in einen Zustand von Ausgeglichenheit bringen, bevor der spirituelle Körper seine Gelegenheit hat, durch uns zu erleuchten und sein endgültiges Sein allen zu zeigen.

S: Gibt es irgendeine Art von Transaktionsanalyse, die man auch benutzen kann?

J: Sicher. Du kannst Transaktionsanalyse nehmen. Du kannst jemanden auswählen, und du kannst ihm gegenübersitzen und anfangen, über deine Erfahrungen zu sprechen, darüber zu sprechen, was du entdeckt hast und ihn dir wieder mitteilen lassen, was er dich sagen sieht und was er dich erschaffen sieht. Dann mußt du dir anhören, was dein Analytiker sagt.

S: Welche Art von Technik benutzt du?

J: Ich benutze in diesen spezifischen Fällen Transaktionsanalyse, ich benutze Traumdeutung, ich benutze Ausbildung durch Bücher und durch die Entwicklung eurer übersinnlichen Fähigkeiten und durch die Erkenntnis, daß du als Suchender, der alles hat, aber bisher noch nicht damit klargekommen ist, wie er alles benutzen soll, viel lernen kannst durch die karmischen Bande und Verbindungen in dieser Organisation, an dem Arbeitsplatz, den du gewählt hast dich anzuschließen, in den Ausbildungsbereichen, denen du gewählt hast dich auszusetzen und in den Familiensituationen, in und unter denen du gewählt hast zu inkarnieren. Anstatt sie aus einer Angst heraus als einen beurteilenden oder begrenzenden Prozeß anzusehen, fragst du dich, warum du hier bist, welchem Zweck du dienst und was du daraus lernen mußt. Seht, ich nähere mich euch allen, indem ich mich frage: „Wozu seid ihr hier?“ Grundlegend seid ihr aufgrund eines karmischen Bandes hier, egal, ob ihr einmal im Monat kommt, ob ihr zu jedem Unterricht kommt, ob ihr das Institut unterstützt, ob ihr das Institut nicht unterstützt. Als Medium, als Geistlicher, als Berater muß ich trotzdem fragen: „Warum bist du hier? Welchem Zweck dienst du? Was bedeutest du für mich, und was muß ich aus deiner Anwesenheit lernen?“ Ich habe euch gerade die Aufschlüsselung gegeben. Wenn ich einmal akzeptiert habe, was ich aus eurer Gegenwart lernen muß, dann habe ich meine Ängste überwunden oder werde sie diszipliniert kriegen. Dann kann ich das Rätsel oder der Spiegel werden, und dann werde ich nicht mehr beeinträchtigt werden, denn mein Wohlbefinden hängt nicht von eurer Beteiligung oder eurer Unterstützung ab, was immer der Fall sein mag. Nun, das klingt wirklich sehr egoistisch, aber es ist es nicht. Es ist realistisch, denn ich werde sein, was ich bin, ob es hier ist, ob es auf Jamaica ist, ob es auf Hawaii ist oder ob es in Deutschland ist. Ich kann nichts anderes tun als zu sein, was ich bin, und ihr müßt sein, was ihr seid. Die erste Voraussetzung ist, daß ihr akzeptiert, was ihr seid, und dann macht ihr damit weiter. Wenn ihr nun eine Transaktionsanalyse durchlauft und ihr sitzt dort und enthüllt, was ihr seid, dann enthüllt ihr es euch selbst gegenüber, ihr enthüllt es einem Rätsel, einem Spiegel gegenüber, der dann den Prozeß der Transaktionsanalyse benutzen wird, um zu sagen, was er euch sagen sieht. Dann müßt ihr als Suchende zuhören, aber das ist genau das, was ihr im Unterricht tun müßt, nicht wahr? Ich sehe, was ihr sagt, durch eure Körperhaltung, durch eure Farbkombinationen, durch eure Auren und durch all die anderen Sprachen, die ihr benutzt, wenn ihr mit mir sprecht, denn ihr sprecht auf diesen vielen Dimensionsebenen. Nun, wenn ich mich in euren Zustimmungen verhake, dann kann ich euch nicht dienen, ich kann nicht dadurch zu Diensten sein, daß ich bin, was ich bin, dadurch, daß ich das Rätsel und der Spiegel bin. Wenn ich zulasse, daß ihr mir sagt, wie ich lehren soll, wann ich lehren soll, wo ich lehren soll, dann erlaube ich euch, mein Sein zu manipulieren, und ich kann das nicht tun... Dies ist universell, nichts für diese Organisation beabsichtigt, das ist einfach, wie wir mit Angst umgehen, und wir folgen bestimmten Voraussetzungen. Ihr wärt nicht zusammen, wenn da kein karmischer und dharmischer Zweck wäre.

Nun, laßt uns die Büchse der Pandora öffnen; welches ist der dharmische, karmische Zweck? Laßt uns mit all unseren Befürchtungen in Bezug auf die Erfüllung und den Abschluß dieses dharmischen Zwecks umgehen. Laßt uns all die Ängste und all die Bedürfnisse nach dieser Anerkennung, all die Bedürfnisse nach all diesen anderen Dingen hervorziehen. So macht man es: Wozu bist du hier? Welchem Zweck dienst du und was soll ich von dir lernen? Was erwarte ich, daß du mir gibst, von dem ich nicht glaube, daß ich es schon habe? Seht, wenn ich glaube, daß ich alles habe, und ich lebe das, und ich gehe mit meinen Ängsten um, dann habe ich alles, ich habe genau das, was ich will. Das ist, wie ich es so vielen Leuten gesagt habe, wenn sie hereinkommen und sagen: „Ich muß einen Liebhaber haben. Ich habe es so satt, allein zu sein." Und ich denke: Du brauchst wirklich einen Liebhaber? Okay, da draußen gibt es alle Arten von Liebhabern; wir werden dir einen besorgen. Setz' dich, und ich suche dir einen aus. Nun, bist du bereit, deine Persönlichkeit zu verändern, um ihren Erwartungen zu entsprechen? Eure Antwort: „Das bin ich nicht." Bist du bereit, deinen Lebensstil aufzugeben, um ihren anzunehmen? Eure Antwort: „Das bin ich nicht." Bist du bereit, dich hinzugeben? Eure Antwort: „Das bin ich nicht." Dann schaue ich euch an und sage: Du willst keinen Liebhaber. Bist du bereit, ihm den halben Weg entgegenzukommen? Eure Antwort: „Das bin ich nicht." Was ihr sagt ist: „Ich will mich selbst lieben. Ich habe diesen Punkt, mich selbst zu lieben, nicht erreicht, so daß ich dann diese Liebe aus dem Gesetz der Anziehung heraus ausgedrückt sehen könnte." Dann müßt ihr eure Ängste zurückverfolgen. Warum seid ihr nicht bereit, euch zu erweitern? Wenn ein Liebhaber euch durch die Verbindung die Informationen geben wird und es euer Sein erweitern wird, dann nehmt alle einen Liebhaber. Ich helfe euch sogar, sie zu finden. Ich gehe hinaus und mache den Zuhälter für euch, um euch genau den richtigen zu finden, aber ihr müßt es wollen. Es ist wahr: Ihr müßt es wollen. Das sind die Voraussetzungen, von denen ihr ausgehen müßt. Die Basis heißt: Mögt, was ihr jetzt im Moment seid. Wißt ihr, die Büchse der Pandora ist da, die Büchse der Pandora ist auf jeder Verstehensebene. Ihr müßt bereit sein, den Deckel hochzuheben. Den Deckel hochheben ist so, wie euren Ängsten ins Gesicht sehen. Wir haben darüber gesprochen, als ich euch den entsetzlichen Prozeß beschrieben habe, durch den Daniel gegangen ist, als der König sein Urteil gefällt hatte und Daniel in die Löwengrube warf -und da waren all diese Kreaturen mit offenen Mäulern- wie ein schönes Stück Filet am Haken, schön und roh, sehr roh; und er mußte sagen: „Okay, wenn ich dieser Angst jetzt erlaube, mich zu manipulieren, dann wird mich dieser Löwe echt packen, und wenn er mich einmal packt, dann werde ich ein Stück von meinem Hinterteil einbüßen oder ich werde sonst etwas einbüßen, was ich schätze." Die Büchse der Pandora, so macht man es. Aber wenn ihr einen Spiegel seht, dann fragt, warum der Spiegel da ist. Warum findet ihr Verhaltensweisen abstoßend? Warum findet ihr all die zerstörerischen Werte statt die konstruktiven Werte? Da muß etwas da draußen sein, das etwas aussagt, richtig? Nun, vielleicht ist es eure Angst, vielleicht ist es etwas, das ihr herausnehmen müßt, ansehen müßt und wo ihr sagen müßt: „Hey, ich bin okay, ich bin genau hier, genau jetzt okay und, nein, ich kann weder jedem gefallen noch will ich das. Ich will mich zuerst mit dem wohlfühlen, was ich tue. Ich will mich zuerst in meinem Ausdruck wohlfühlen. Ich kümmere mich nicht darum, euch all eure Erwartungen auf mich schütten zu lassen. Ich muß mich mit dem wohlfühlen, was ich tue." Dann könnt ihr mit euren Ängsten umgehen, und ihr könnt anfangen, euer Bild zu erweitern, und wenn der Lehrer sagt: „Sieh mal, du kannst das tun, aber du mußt disziplinierter sein, du mußt dich selbst anschauen, du mußt soweit damit umgehen", und ihr euch zurücklehnt und sagt: „Nichts da, ich bin nicht mehr bereit dazu, ich bin so weit gegangen, wie ich kann." Nun, okay, prima, es ist dein Leben, lebe es und liebe es und genieße es. Wir könnten hier wirklich tief hineingehen, und ich fürchte, daß es bis in wirklich tiefe, kernige Dinge gehen wird, weil ich glaube, daß ihr so ungefähr gerade gut gerüstet seid, um mit dem herauszukommen, womit es wirklich wichtig ist, daß ihr anfangt, damit zurechtzukommen. Mit seinen Ängsten fertigzuwerden ist eine tägliche Grundlage, es ist eine tägliche Disziplin, das kann ich euch sagen. Und dann all die Ablenkungen.

S: Wie nehmen wir und warum nehmen wir Ängste von anderen Menschen auf, die nicht unsere eigenen sind? Wie tun wir das? Haben wir Mitgefühl oder Anteilnahme?

J: Mitgefühl, Anteilnahme und Mitleid. Wenn ihr versucht, euch daran zu erinnern, daß ihr während eurer gesamten Laufbahn und während eures gesamten Lebens ein absorbierendes Geschöpf seid und euch mit jedem Atemzug, den ihr ein- und ausatmet, ausdehnt und zusammenzieht; ihr beeinflußt die Umgebung und seid durch sie beeinflußt, und ihr seid beeinflußt von den Schwingungen um euch herum und beeinflußt sie. Damit könnt ihr also den Wert davon sehen, eure Ängste zu verstehen und zu kennen, damit ihr mit den Dingen fertigwerden könnt, die euch nicht gehören, und ihr mit den Einstellungen umgehen könnt, die euch nicht gehören, indem ihr die nötigen Farbkoordinationen, das nötige positive Denken und sogar die nötigen Streicheleinheiten oder was immer sich in dem Fall herausstellen wird, projizieren könnt, was dann die vorhandene Situation beeinflussen wird. Aber ihr werdet, so wie wir gestern darüber gesprochen haben, die Demonstration eurer Ängste bei anderen Menschen antreffen -einfach durch die Gesetze der Kompensation und einfach durch die Gesetze der Anziehung- und so werdet ihr also an eurem Arbeitsplatz, an eurem gesellschaftlichen Platz, in eurem Familienumfeld, selbst an eurem spirituellen Platz jene Befürchtungen, jene Ängste antreffen, die ihr selbst entweder erkannt habt und mit denen ihr arbeitet, oder die ihr überdeckt habt und mit denen ihr noch umgeht oder mit denen ihr arbeiten müßt.

S: In der Zeitung war letztens ein Artikel über das „Recht zu sterben", und wir sprachen über die Angst vor dem Tod. Doch da gibt es die andere Angst davor, über die Jahre in Hilflosigkeit gehalten zu werden, und daß der eigene Verstand sich schrittweise auflösen und daß, was man physisch hatte, weg sein würde. Selbst wenn alles, was man verlieren kann, die eigene Persönlichkeit ist, gibt es so etwas wie Zerfall und das zu verlieren, was man hat?

J: Ihr verliert die erkennbaren Funktionen dessen, was ihr habt, doch die Seele behält alles, was sie antrifft, und sie lebt weiterhin fort. Deshalb haben wir in der Wissenschaft entdeckt und bilden unser medizinisches Personal dazu aus, daß sie, wenn sie in das Zimmer eines Menschen gehen, der angeblich im Koma liegt, sich nicht in negativer Art und Weise auf den Zustand dieses Menschen beziehen, weil der Mensch auf diese negative Schwingung reagieren und ein Bewußtsein oder eine Etikettierung erreichen wird bezüglich der Persönlichkeit und der motorischen und Gefäßzustände, die zu diesem Zeitpunkt ausgedrückt und ausgehalten werden.

S: Ich glaube, ich frage danach, wie man mit dieser Angst davor umgeht, nicht sterben zu dürfen.

J: Nun, ich fürchte, daß das ein Irrtum ist, denn ganz ehrlich, wenn ihr wirklich sterben wollt, dann könnt ihr euch willentlich dazu bringen zu sterben, und ihr werdet sterben. Ich glaube, die Angst rührt von einer Angst vor dem Leben statt von einer Angst vor dem Sterben her.

S: Dies ist eine Überlegung darüber, es ertragen zu müssen, am Leben gehalten zu werden, anstatt zu leben?

J: Versucht euch an dies zu erinnern. Wann immer wir während einer Zeitperiode in unseren Leben eine Angst hegen, treffen wir gewöhnlich den Ausdruck dieser Angst oder die Erfahrung dieser Angst an. Wenn ein Mensch eine Angst vor einem Mangel an Aufmerksamkeit gehegt hat, eine Angst vor einem Mangel an Geliebtwerden gehegt und aufrechterhalten hat, eine Angst, mißverstanden zu werden, dann werden sie zu irgendeinem Zeitpunkt diese Situation erschaffen, und die Situation wird einfach die Form annehmen, die ihnen erlaubt, die Erfahrungen zu sammeln, vor denen sie ihr ganzes Leben Angst hatten. Und das karmische Rad verlangt, daß wir diese Erfahrung durchleben, damit wir die Informationen und das Wachstum sammeln und gewinnen, die aus dem tatsächlichen Erfahren gewonnen werden können.

S: Es verlangt das?

J: Das karmische Rad? Oh, absolut.

S: Es verlangt, daß man bestimmte Dinge in seinem Leben angeht?

J: Das karmische Rad verlangt, daß man sich entwickelt. Eigentlich gibt es zwei Dinge im Leben, die du tun wirst, und eins von ihnen ist, dich zu entwickeln.

S: Und das andere ist zu sterben?

J: Das andere ist zu leben. Es gibt eigentlich nur zwei Dinge, die du tun wirst. Egal, wieviele Leben es braucht und bedarf, egal in wieviele Bereiche du speziell hineingehst, um diese Entwicklung zu vertuschen und dich auf diesem Entwicklungskurs abzulenken, du wirst dich entwickeln und du wirst leben müssen, entweder in dieser physischen Dimension, oder du wirst in der Astraldimension leben, entweder der niederen Astraldimension oder der höheren Astraldimension, doch du wirst leben, und Phänomene sind der Beweis für die Tatsache, daß du lebst.

S: Phänomene?

J: Phänomene.

S: Was meinst du damit?

J: Geistige Kommunikation.

S: Ist der Beweis?

J: Ist der Beweis, ja.

S: Kann ich dich nochmal nach Karma fragen? Liegt der einzige Grund, daß eine karmische Verpflichtung existiert, bei etwas, das wir in einem früheren Leben getan haben?

J: Ja, meine Dame.

S: Und dann muß das aufgearbeitet werden?

J: Ja.

S: Es muß nicht auf eine bestimmte Art aufgearbeitet werden, nicht wahr?

J: Es muß in einen Zustand von Gleichgewicht gebracht werden.

S: Gibt es eine Wahl, wie es gemacht wird?

J: Ich denke, es gibt nur eine Wahl, und das ist durch Erfahrung, nicht wahr? Womit hast du Schwierigkeiten umzugehen?

S: Laß' uns sagen, es war ein bestimmtes Ungleichgewicht, daß jemand in einem früheren Leben für dich gesorgt und sein Leben dem gewidmet hat, für dich zu sorgen. Mußt du das in diesem Leben umdrehen?

J: Nicht unbedingt. Du hast ein unvollständiges Verständnis von Karma. Woher weißt du, ob in dem früheren Leben der Mensch, der sei Leben dem gewidmet hat, für dich zu sorgen, nicht seine eigene karmische Waagschale ausgeglichen hat, und in diesem Leben seid ihr wieder zusammengekommen, zu dem Zweck, euch gemeinsam zu entwickeln und zu wachsen?

S: Angenommen da ist eine Situation, daß du eine Verpflichtung hast, eine karmische Verpflichtung. Das Gesetz von Karma verlangt heute, daß du erfährst...

J: Das Gesetz von Karma verlangt, daß du diese Erfahrung verstehst und ihre Wirkung in deinem Leben, auf dein Leben erkennst, und daß du die Lektionen daraus lernst. Nun, es verlangt entweder tatsächliche Erfahrung auf dem Schlachtfeld, oder du lernst osmotisch. Das ist deine Wahl. Aber du wirst es erfahren, auf die eine oder die andere Art, auf die schwere Art oder auf die leichte Art. Während des ganzen Lebens steht jeder von uns vor dieser Wahl und sieht seinen Ängsten ins Gesicht, und wir können entweder wählen, unsere Lektionen auf die leichte Art zu lernen, oder wir können wählen, unsere Lektionen auf die schwere Art zu lernen. Die schwere Art ist im Krieg, im Kampf mit den Ängsten, den Be-

fürchtungen und all dem Nachspiel, das von dem Nachgeben dieser Ängste und dieser Befürchtungen kommt, oder wir können wählen, es auf die leichte Art zu lernen. Nun, zum Beispiel: Ihr sitzt hier und jetzt in diesem Unterricht. Also habt ihr eine Wahl in der Entwicklung getroffen, wie jeder diese Wahl zu treffen hat. Das Thema ist „mit seinen Ängsten fertigwerden". Nun, da die eigenen Ängste die grundlegende Ursache sind, die die Wirkung hervorbringen, die negativer Art ist, womit wir Tag für Tag kämpfen, könnt ihr entweder wählen, über eure Ängste von einem Osmose-Standpunkt, von einem erkennenden Standpunkt her zu lernen, und ihr könnt wählen, die Disziplinen in die Tat umzusetzen, die dir erlauben zu verstehen, warum die Angst, wie man mit ihr fertig wird, wie man mit ihr arbeitet, und wie man sie als konstruktiven Sinn für sich nutzt, oder ihr könnt wählen, eure Ängste zu ignorieren, eure Ängste zu überdecken und fortfahren, ihre Energie in die atmosphärischen Bedingungen auszustrahlen, was dann die Erfahrung in die Wirkung bringen wird, und dann müßt ihr mit der Erfahrung leben, bis ihr verstanden habt, warum die Erfahrung da ist. Wenn ihr vor karmischen Situationen steht, die Familienbande haben, die emotionale Bande haben, die Freundschaftsbande haben, die Berufsbande haben, die religiöse Bande haben, werdet ihr mit ihnen bis zu dem Zeitpunkt im Kampf liegen, wo ihr ihren Wert verstehen könnt, ihren Zweck verstehen könnt, ihre Lektion verstehen könnt und ihr das in die Erweiterung eures Bildes, eures Selbstbildes einbaut und ihr tatsächlich beginnt, in eurem Selbstbild zu fließen.
Nun, dies sind eure beiden Wahlen im Physischen, doch das letztendliche Endresultat ist, daß ihr leben werdet und daß ihr euch entwickeln werdet. Und Tod durch Schmerz in dieser Dimension: Unglücklicherweise finden viele unserer geistigen Freunde, wenn sie über die Schwelle treten, heraus, daß sie riesige Schmerzen von anderer Art antreffen, weil sie all ihre Wahlen und all ihre Handlungen sehen, die sie ausgeführt haben, während sie von physischen Persönlichkeiten regiert wurden, die durch Ängste und all die, wie ihr es nennen würdet, Fehler beherrscht waren, die sie gemacht haben.

Dann müssen sie eine Auswahl treffen, sie auf der niederen Astralebene durchzuarbeiten, was, wenn es einen Maßstab gibt, Äonen von Jahrhunderten dauern kann, oder im Physischen und in der Persönlichkeit damit konfrontiert zu sein und damit in der Hand zu arbeiten.

S: Im Physischen.

J: Im Physischen. Nun, dies sind die Dinge, die ihr tun werdet, und es ist egal, wie irgendjemand von euch versucht, dem auszuweichen. Ihr könnt dem in diesem Leben ausweichen, und das ist eure Wahl. Ihr könnt es in diesem Leben vermeiden, euren Ängsten ins Gesicht zu sehen, doch aufgrund eurer kreativen Maßnahme werdet ihr sie verschlimmern, und je mehr ihr sie verschlimmert, desto mehr werdet ihr die Waagschale kippen, und je mehr ihr die Waagschale kippt, müßt ihr dann durch eure Arbeit, durch euer Verstehen diese Waagschalen ausgleichen, bevor ihr ausgeglichen durchs Leben gehen könnt. Ihr werdet mit euren Befürchtungen, mit euren Beklommenheiten, mit euren Ängsten, mit allem, was ihr überhaupt im Leben, in der physischen Dimension erleben könnt, konfrontiert sein. Diese Erfahrungen ändern sich nicht, wenn ihr diese Persönlichkeit, diese Assimilation von verdichteter Atomstruktur verlaßt. Es gibt ein Gesetz, daß ich euch gelehrt habe, und dieses Gesetz heißt: Wie unten so oben und wie oben so unten. Das ist einer eurer Hoffnungsfaktoren, denn oben in der höheren Astralebene bekommen wir die Vision unserer wahren Identität, bekommen wir die Vision unserer wahren Zwecke, wie ein Heiler zu sein, wie ein Lehrer zu sein, wie ein Medium zu sein und so weiter und so fort, und wir beginnen durch die Gesetze der Anziehung, diese Energie der höheren Astralebene durch die Dimensionen, atmosphärischen Dimensionen zu bringen, und wir beginnen, sie durch unser Zellgewebe aufzusaugen, und wir fangen dann an, sie in den physischen Dimensionen zu spiegeln, zu reflektieren und als Rätsel auszudrükken. Das ist eine Unterstützung, das ist eine Wohltat. Doch wir werden diese Erschaffung auch in der niederen Dimension antreffen, wo all unsere Ängste sind, wo all unsere Befürchtungen sind, wo all unsere Verwirrungen sind, und wenn wir, als eine Magnet, unserem Angstprozeß, unserem Zweifelsprozeß, unserem Prozeß von unvollständiger Sicht nachgeben, dann sausen wir mit unserer magnetischen Energie direkt in die niederen Dimensionen, und wir öffnen das Tor für all diese verstärkte Energie, um als Magnet geradewegs in unser Wesen gezogen zu werden und unsere Ängste zu verstärken, unsere Beklommenheiten zu verstärken, unsere Befürchtungen zu verstärken, um mehr Müll auf unser unvollständiges Selbstbild zu kippen, was dieses Selbstbild verstärkt und uns dazu bringt, unserer eigenen Selbstzerstörung zu erliegen. Das sollte all eure Fragen in Klarheit beantworten. Ihr habt die Wahl getroffen, als ihr die Überseelenkraft verlassen habt. Ihr habt die Wahl getroffen, in die physische Dimension zu kommen, ihr habt die Wahl getroffen, bestimmte Verbindungen zu erfahren, bestimmte Gelegenheiten, und jede Verbindung hat beides, ihre gute und ihre schlechte Seite. Jede Münze hat zwei Seiten, und es liegt an uns, die schlechte Seite mit der guten Seite und die gute Seite mit der schlechten Seite auszugleichen, um beide zu sehen und dann in einem ausgeglichenen Sinn in die Reproduktionen unserer Sicht von uns selbst zu gehen. Es führt kein Weg darum herum, es führt kein Weg da heraus, das ist es genau, wohin das Leben euch führen wird, und Menschen, die mit diesem „Recht auf Sterben“ umgehen, wenn sie wirklich sterben wollten, würden sie sterben. Was sie wollen ist, sie wollen, daß jemand anders ihnen den Stachel des Todes verabreicht, damit es nicht als Selbstmord bezeichnet werden kann.

S: Macht das einen Unterschied?

J: Natürlich tut es das, nach ihrem Glauben. Die Religion hat durch die Jahrhunderte gesagt, daß es eine Todsünde ist, sich das Leben zu nehmen.

S: Macht es tatsächlich einen Unterschied?

J: Tatsächlich tut es das ganz sicher. Ihr nehmt euch das Leben jedesmal, wenn ihr euer volles Potential ignoriert. Von dem Moment an, an dem ihr geboren werdet, wenn ihr unter dem Einfluß des karmisch-dharmischen Rades lebt, wenn ihr euch nur in Karma einkauft, seid ihr in einem Muster von Selbstmord. Wenn ihr nicht aufstehen und in eurem GOTT-Selbst gerechnet werden könnt und ihr die Gesellschaft aufgrund eurer Ängste, ihr einen Freund aufgrund eurer Ängste, ihr eine Gruppe von Menschen aufgrund eurer Ängste den größten Teil von euch kontrollieren laßt, dann seid ihr ein Praktizierer selbstmörderischer Handlung und ihr beeinträchtigt eure Zellkörper. Deshalb kriegt ihr Krankheiten, deshalb kriegt ihr Paranoia, deshalb nehmt ihr Selbstbegrenzungen an, deshalb nehmt ihr all die begrenzenden Faktoren oder das unvollständige Selbstbild an.
Dies ist vielleicht der wichtigste Unterricht, dem ihr euch aussetzen werdet, ob euch die Information, die durchkommt, gefällt oder nicht, doch er wird euch eine größere Auswahl dahingehend geben, ob ihr arbeitet und fortfahrt, euren Ängsten zu erliegen und sie zu tarnen, oder ob ihr ihnen ins Gesicht sehen, die Lektionen aus ihnen lernen, sie kontrollieren und disziplinieren wollt, so daß ihr einen weiteren Schritt im Evolutionsprozeß machen und euer Selbstbild erweitern könnt. Der Tod ist keine große Sache. So etwas wie den Tod gibt es nicht, nicht gemäß unseres strukturellen Glaubens. Es gibt ein Ablegen eines Fahrzeugs, es ist so, wie von einem Auto zu einem anderen Auto zu wechseln. Wenn euer Auto nicht mehr funktioniert, und es beginnt, euch sehr viel mehr zu kosten, es da hindurch aufrechtzuerhalten, daß es euch endlos Geld kostet, dann gebt ihr es ohne wenn und aber in Zahlung, nicht wahr? Dann besorgt ihr euch ein neues Auto, und ihr freut euch sehr über seine Frische und Neuheit, ihr sitzt darin mit seinem Leder oder seinem neuen Geruch, und ihr könnt es nicht erwarten, die ersten tausend Kilometer mit eurem neuen Auto zu fahren. Das genau ist es, was der Tod ist. Es

tut mir leid, wenn ich den Tod nicht zu einer riesigen Vorstellung in meinem Leben machen kann. Doch studiert einige der tibetanischen Philosophien etwas mehr, studiert die wirklich wahren Philosophien des Judaismus etwas mehr und studiert ein kleines bißchen mehr von den wirklich wahren Philosophien der alten amerikanischen Indianer. Es wird euch zu dem selben Schluß führen, den ich gezogen habe - nicht nur aus der Unterstützung meiner unsichtbaren Freunde, die genauso lebendig, eigentlich lebendiger sind als irgendeiner von euch oder ich. Ich kann nicht ableugnen, daß das Leben dort vielleicht tausendmal schöner ist, ich kann ihre Frustration verstehen. Denkt einfach an das Leben auf der anderen Seite. Und hier sind wir. Wir legen unser physisches Fahrzeug ab, entweder, weil wir uns entschieden haben, aufzuhören Selbstmord zu begehen, was wir täglich tun, wenn wir von unseren Ängsten, Befürchtungen, Beklommenheiten und so weiter und so fort umgeben und motiviert sind, und wir gehen durch diese entsetzliche Enthüllung, und ich meine eine entsetzliche Enthüllung.
Stellt euch vor, die gesamte Hierarchie steht um euch herum, sie alle, in ihrer makellosen, erleuchteten Schönheit und ihrer schimmernden Herrlichkeit, und es gibt nichts Häßliches an irgendjemandem von der Hierarchie. Sie stehen um euch, und sie sind so weiß, so rein, so absolut großartig in all ihren Farbtönen, und hier seid ihr, in der Mitte stehend, und da ist dieser riesige Bildschirm, und er ist wie ein Wandteppich, und das Licht scheint auf eure Geburt -und wir sprechen nicht nur von eurer Geburt in diesem Leben, wir sprechen über eure ursprüngliche Empfängnis und Geburt- und all diese Fehler kommen über den Bildschirm geflutet. Ihr könnt euch selbst vorstellen: Ihr seid das unglaublich zusammenschrumpfende Individuum, und ihr fangt automatisch an, euch in euch selbst zurückzuziehen. Ihr schrumpft zu einer Erbse zusammen, und all diese großen, herrlichen, gesunden Exemplare von der Hierarchie stehen um euch herum und schauen euch liebevoll und wundervoll an, und dann wählt ihr, nicht in die physische Verdichtung zurückzukommen. Ihr sagt: „Ich brauche Urlaub. Ich werde Urlaub nehmen. Vielleicht könnte ich die nächsten hun-

dert Jahre als Joy Guide arbeiten, oder ich arbeite die nächsten hundert Jahre als spiritueller Einfluß. Ich gehe hinaus und empfange all die Menschen, die bei Autounfällen, bei Autounfällen und durch Gift auf einmal getötet wurden und bringe sie in diesen Warteraum, wo sie diese entsetzliche Offenbarung des Lebens erfahren werden", und das ist eure Aufgabe. Dann stehst du da, frustriert, und sprichst zu deinem Schützling. Es ist so wie ein Engel, der Engel flüstert in ihr Ohr, und sie sagen: „Hau ab, verdammt nochmal, ich will kein Medium sein. Geh weg, ich habe Angst, mich einfach zu zeigen, ich werde nicht auf dich hören, ich werde es auf meine Art tun. Wenn du mir sagen kannst, daß es okay für mich ist, es auf meine Art zu tun, höre ich zu, was du zu sagen hast." Und dann sitzt, stehst, schwebst, fliegst, energetisierst du in totaler chaotischer Frustration, weil das Wachstum dieses physischen Körpers oder dieser Ansammlung von Atomstruktur mit deinem Wachstum verwandt ist. Stellt euch die Verwüstung vor. Ihr könnt nicht weglaufen, und ihr könnt sie nicht entlassen und sagen: „Nun, es ist dein Problem", oder: „Es ist ihr Problem", denn ihr Problem ist nun einmal dein Problem.

S: Ich glaube, ich habe das auf dieser Erdebene erlebt!

J: Was du nicht sagst. Aber denkt daran, was eure Ängste euch veranlaßt haben, in eurem Denkprozeß und in eurem Verbalisationsprozeß zu erschaffen, denn diese sind lebendige Energieformen, die ihr, entweder durch die Erfahrung oder durch die Erkenntnis und dann durch die Anwendungen von erweitertem Selbstbild aufklären müßt. Nun erinnert euch, wir sprechen über das Erweitern unseres Selbstbilds, mit unseren wahren Identitäten klarzukommen, und indem wir Stückchen für Teilchen für Stückchen mit unseren wahren Identitäten klarkommen, fangen wir dann an, dieses Gleichgewicht in diese chaotische niedere Astralebene zu projizieren.

S: Wir haben über den schweren Weg oder den leichten Weg gesprochen. Ich vermute, es ist einfach ein Erkennen dieser fortlaufenden Entwicklung, was einem hilft, ausgeglichener zu werden, und das Bedürfnis, in der Erfahrung selbst ausgeglichener zu werden. In anderen Worten, von Passivität zu Wut zu dem Versuchen, es zwischen beiden auszugleichen. Richtig?

J: Um ein aktives Verständnis zu erreichen. Seht, jeder von euch hat eine Gelegenheit zu beginnen, nicht nur durch seine Verbindung seine Ängste zu erkennen, sondern auch anzufangen, mit ihnen fertigzuwerden. Nun, ihr sagt: „Wie mache ich das? Gib' mir das Rezept, um das zu tun." Es ist recht einfach. Ihr habt ein physisches Rezept, das verstärkt ist, weil ihr lernen könnt, wie man miteinander zurechtkommt, und durch das Lernen, wie man miteinander zurechtkommt und mit den Ängsten zurechtkommt, die entweder aktiv sind oder schlummern, die erkannt oder überdeckt sind, die ihr in anderen Menschen sich nacheifern seht, und eure positiven oder ausgeglichenen Reaktionen mit diesen Menschen sind der Kurs dazu, euren Müll in den Astraldimensionen aufzuräumen. Ihr seht also, ihr arbeitet mit euch selbst, während ihr auch mit anderen Teilen der Menschheit arbeitet, die Aspekte eurer selbst repräsentieren. Deshalb hat Christus versucht, dies herüberzubringen, und deshalb hat Buddha versucht, dies herüberzubringen, und wir können es sogar aus den Bereichen der Avatare herausnehmen, und wir können in die Bereiche von Organisationen gehen. Wir können den Katholizismus als ein Beispiel nehmen, denn die höchste Form von Vergötterung im Katholizismus ist der Heilige Vater, der Papst. Und trotzdem erkennt jeder, der auf irgendeiner Ebene in die Priesterschaft einsteigt, daß durch ein bestimmtes Maß an Hingabe und Entschlossenheit die Möglichkeit, daß sie diesen Grad von Anerkennung als der Heilige Vater, als der Papst, als der Leiter von der Organisation erreichen, gegeben ist. Also ist der Anreiz da, es zu werden. Was sie letztendlich sagen ist, daß während der Papst in seiner Position von Autorität sitzt, er all den Kardinälen und all

den Bischöfen und all den Untersekretären und all den Sekretären, all den Priestern und all den Laienpriestern und so weiter und so fort zeigt, daß sie diese Gelegenheit auch haben können, wenn sie es so wünschen und wollen.
Nun, wenn ihr ein weiteres Beispiel dafür wollt, wie man mit Ängsten fertig wird, laßt uns das Beispiel des reichen Mannes nehmen. Er genießt und vertieft sich in die Macht, den Einfluß, die Anerkennung dessen, was sein Opfer an das Konzept von Geld ihm gebracht hat. Er ist ein Beispiel für alle von uns, die mit unseren Ängsten vor dieser Selbstdisziplin, dieser Selbstmotivation, diesem Verlust des Selbst umgehen. So oft habe ich Leute sagen hören: „Ich will mehr Geld haben", und ich habe sie gefragt, ob sie bereit sind, mehr Arbeit in ihren Beruf zu stecken, um mehr Geld zu erzeugen. Und sie werden automatisch sagen: „Nein, das bin ich nicht. Ich arbeite soviel, wie ich arbeiten will, und wenn ich mit meiner Arbeit fertig bin, will ich nach Hause gehen, die Kinder auf meine Schulter nehmen und mich zu einem schönen, heißen Essen hinsetzen und meine Nase in den Fernseher stecken, und ich will nicht mit Arbeit beschäftigt sein, was Geld erzeugen würde." Ihr seht also, da ist die Angst vor dem Verlust von etwas. Man muß mit dieser Angst fertigwerden, und man muß sagen: „Okay, dieser reiche Mann kann dann diese Angst nicht haben oder muß mit ihr umgegangen sein, weil er sich das Geld mehr wünschte, als er sich es wünschte, der Ehefrau den Hintern zu tätscheln", und so weiter und so fort. Ihr seht, es ist ein Austausch davon, mit den Ängsten fertigzuwerden, um zu erhalten, was ihr seid, um euer Selbstbild zu erweitern, und diese alle fungieren als ein lebendes Beispiel, das sagt: „Das ist es, was ich bin. Du kannst das sein, wenn du die Techniken und die Einstellungen und die Disziplinen anwenden willst, die diese Reaktion herbeigeführt haben." Nun, ihr werdet damit zurechtkommen. Ihr müßt damit in der Gesellschaft zurechtkommen, wenn ihr anfangt, Menschen nicht als überlegen oder unterlegen, sondern als Teil eurer selbst anzusehen, und das ist der Trick. Seht mal, wenn ihr dasitzt und den Papst anseht, wenn ein junger Priester den Papst

in einem Sinn von Überlegenheit ansieht, dann muß er ein besonderes, vergöttertes Wesen sein, um das Papsttum bekommen zu haben. Dann werdet ihr von euren Ängsten manipuliert, und ihr versteckt sie hinter einer Maske. Das ist ein guter Maßstab. Wenn ihr jemanden anseht und sagt: „Wie schön sie ist. Sie hat es alles beisammen. Ich wäre gerne genauso, aber hier bin ich, lang, blaß und häßlich." Was sagt euch das? Aber ihr könnt es ändern, nicht wahr? Ihr könnt es ändern. Sobald ihr euch von dem abtrennt, was ihr als Spiegel seht, gebt ihr euren Ängsten nach, und ihr seid nicht bereit, mit ihnen fertigzuwerden.

S: Warum scheint es, als wären wir niemals zufrieden?

J: Weil ihr es nicht seid. Euer Höheres Selbst, dieses Bild eurer selbst, kommt auf die eine oder andere Weise immer durch. Es ist wie die schleichende Seuche, dieses reine Bild von Gottheit, das ihr seid. Wißt ihr, ich habe oft, oft versucht, es abzuschütteln. Macht euch nichts vor, das habe ich. Warum nicht? Manchmal kann ich es genießen, meinen Ängsten nachzugeben, und genieße es sehr. Es ist eine große Selbstnachgiebigkeit. Ich kann mich einfach zurücklehnen und weinen, weil niemand mich versteht und niemand mich liebt und niemand mich will und all diesen ganzen Kram, doch der schleichende Schrott sickert weiter durch die Atmosphäre und hakt meinen kleinen Magneten hier ein. Dann baut es sich auf, bis die Spiritualität übernehmen muß. Dann müßt ihr all eure Nachgiebigkeit und all eure Ängste ansehen. Also seid ihr niemals zufrieden.

S: Aber erreichen wir nicht irgendeine Art von <***peachable***>***(?)***...

J: <***Peachable***>***(?)***. Ja, ihr könnt eine <***peachable***>***(?)*** Ekstase erreichen, aber denkt daran: In einem Pfirsich gibt es einen Kern. *(Ralph Jordan benutzt an dieser Stelle ein Wortspiel ... (peachable) und Pfirsich (peach),... das in der deutschen Übersetzung nicht wie-*

dergegeben werden kann. Anm. des Übersetzers.) Denkt daran: In jedem Pfirsich ist ein Kern. Wenn ihr also in diesen Pfirsich der Ekstase beißt, denkt daran, daß unter all der Ekstase ein Kern ist.

S: Warum scheint es immer so, daß hinter der nächsten Ecke immer etwas bereitsteht, um einen in den Hintern zu treten?

J: Es ist nicht unbedingt bereit, euch in den Hintern zu treten. Ihr lebt eure eigenen Ängste in einer größeren Dimension. Ihr könnt eure Pfirsich-Loch-Ekstase aufrechterhalten, ohne unbedingt in den Kern zu beißen, indem ihr versteht, daß der Kern da ist, und indem ihr ritualistisch und wissenschaftlich und spirituell fähig seid, den Kern ohne Angst anzusehen und zu sagen: „Ah, Kern, du bist da. Nun, du mußt mir nicht die Zähne abbrechen und mir Kummer und Schmerz bereiten. Ich kann von dieser Ekstase um dich herum essen und dich in den Boden pflanzen und dich einen weiteren Baum mit köstlichen Ekstase-Pfirsichen hervorbringen lassen.

S: Wäre das Stagnation?

J: Nein, es ist keine Stagnation. Wann immer wir den Kern in einer Kirsche oder in einem Pfirsich ansehen und wir ihn realistisch ansehen, haben wir damit die Werkzeuge, durch die wir nicht von ihm beeinträchtigt werden. Es ist das, was wir nicht in uns entdeckt haben, was Katastrophen herbeiführt.

S: Die Aussage, die du gerade eben gemacht hast, beantwortet es so ziemlich für mich, doch in dem Moment, wo du dich von deinen Spiegeln trennst, gehst du nicht mit deinen Ängsten um. Ist es, weil wir die Verantwortung nicht übernehmen, daß wir den Spiegel als getrennt von uns sehen?

J: Ja.

S: Ich erinnere mich an die Geschichte, die du erzählt hast, von dem Mann, auf den sich plötzlich viele Leute stürzten, die ihm die Schuld für das gaben, was vor sich ging, und du warst bei ihm, und du wußtest, daß er unschuldig war. Und er sagte: „Oh, gut, ich sehe mir das auf jeden Fall an. Es tut mir sehr leid.“ War das also, daß er seine Spiegel erkannte?

J: Ja, sicher. Es war, daß er erkannte, daß er eine Angst davor hatte, beschuldigt und angepöbelt zu werden, und seine Angst war außer Kontrolle geraten, obwohl er seine Arbeit tat, denn er hatte den ganzen Tag mit mir gearbeitet. Ich hatte Beratungen gemacht, und er assistierte mit. Wir trafen gerade Vorbereitungen für eine Seance für die Kirche und unter der Schirmherrschaft der Kirche. Er war so etwas wie mein Sekretär. Als wir an dem Abend zur öffentlichen Demonstration erschienen, kam die Geistliche den Gang heruntergerannt und fing wirklich einfach an, diesen armen Kerl fertigzumachen und gab ihm wirklich einfach eine richtige Abreibung. Ich stand da, gelähmt vor Schreck, weil dieser Kerl diese Schläge links und rechts hinnimmt. Dann höre ich zu meinem Erstaunen diesen armen Kerl sagen: „Ja, Martha, es tut mir leid, daß das passiert ist. Ich sehe da nach, ich sehe mir das an“, und ich sah ihn an und sagte: „Warum hast du ihr nicht gesagt, was du den ganzen Tag gemacht hast? Schließlich hat sie mich engagiert, um herzukommen und zu arbeiten, und du hast nur deine Arbeit als Angestellter der Kirche getan.“ Und er sagte: „Nun, sie hat es in mir gesehen, also muß es irgendwo da sein. Es zahlt sich für mich aus, einen Blick darauf zu werfen.“ Dann sagte er: „Schließlich will ich nicht davon manipuliert werden, wenn die Sache da ist.“ Dann sagte er zu mir: „Weißt du, man kommt so leicht an Komplimente, und sie sind wirklich die Nägel im Sarg deines Ablebens. Es ist viel besser, eine totale und vollständige Sicht deiner selbst zu haben, als durch all die Komplimente von den Menschen getäuscht zu werden, die von dir wollen, daß du es für sie tust.“ Es läuft also auf „Kenne dich selbst“ hinaus. Aber wir wollen den Punkt, zu dem wir hier zu kommen versuchen, nicht zu sehr aus den Augen verlieren, und das geht in die Symbollehre hinein. Wir als Lehrer sollten erkennen, daß dies ein weiterer Ausdruck in unserem Unterricht in der Symbollehre ist, daß die Symbole uns auch unseren Widerwillen zeigen, mit unseren innewohnenden und überdeckten Ängsten zu arbeiten, weil diese Menschen Aspekte unserer selbst repräsentieren, wenn wir es uns wünschen, unsere Ängste zu überwinden, um Hüter dessen zu sein, was immer sie symbolisch repräsentieren.

S: Mit anderen Worten, wenn wir wünschen, das für uns in die Vollendung zu bringen, bekommen wir mehr davon. Es wird uns helfen, das hineinzubringen in...

J: Sicher. Es ist wie Jesus, als er zu Johannes, Peter, Paul und dem Rest von ihnen sagte: „Diese Dinge, die ihr mich habt tun sehen, könnt ihr tun und sogar größere bis zu allen Enden der Erde." GOTT weiß, daß wir unsere Gesellschaft und unser wissenschaftliches Wissen, angenommenerweise, entwickelt haben -ich setze das in Anführungszeichen: „unser wissenschaftliches Wissen/unsere wissenschaftlichen Expertisen"- bis zu einem Punkt, wo wir mit nuklearer Energie umgehen. Trotzdem sind wir hinter unserer atlantischen Zeit zurück, sehr zurück, fast im finsteren Mittelalter. Aber wie dem auch sei, seht euch all diese Entwicklung oder diese Entfaltung an, im Gegensatz zu der Zeit von Jesus und Buddha und Krishna und Immanuel und allen anderen von ihnen, und Emil und so weiter und so fort und wie wir als ihre Schüler mit einer Erweiterung von Anhäufung und einem Verbreitern des Angstaspekts im Gegensatz zu der Einfachheit fertigzuwerden hatten, mit der sie in ihrer speziellen Generation und in ihrem speziellen Zeitrahmen umzugehen hatten, als das Leben viel einfacher war. Wir waren nicht interkontinental verbunden; karmisch waren wir nicht miteinander verbunden, und jetzt sind wir durch all die Ausflüge weg zu anderen Planeten im Weltall miteinander verbunden, weil wir die Pforten für all das Karma sowie das Dharma zurückbringen und öffnen, daß es durch die atmosphärischen Bedingungen in unsere Welt herabsickert. Es gibt zwei Seiten auf jeder Münze. Denkt darüber nach. Wann immer ihr eine Ikone seht, wann immer ihr ein Symbol seht, repräsentiert es, was ihr seid. Das ist es, was Christus gesagt hat, das ist es, was all die Avatare gesagt haben, und ihr könnt diesen Teil eurer selbst in dieser Ikone entweder akzeptieren und diesen Teil fördern, während er eure Ängste und euer unvollständiges Selbstbild enthüllt, aber ihr müßt es wollen, nicht wahr? Ihr müßt es selbst annehmen wollen, ihr könnt nicht einfach erwarten, daß es euch gegeben wird, und ihr könnt nicht erwarten, es an euch zu reißen. Ihr müßt für es arbeiten, ihr müßt euren Ängsten ins Gesicht sehen, ihr müßt euch disziplinieren, ihr müßt euch motivieren. Richtig?

S: Ja.

J: Nun, da habt ihr es. Das heißt auch, mit euren Ängsten zurechtzukommen. Wenn ihr in mir etwas seht, das ihr mögt, das ihr auch selbst erleben wollt, nun, ihr müßt genauso hart arbeiten wie ich, wenn nicht härter, denn es könnte für euch in diesem Zeitrahmen schwerer sein, als es das für mich im Alter von sieben war, weil ich nicht von all den äußeren Wahlen bombardiert wurde, die aufgrund eurer Zeitrahmen getroffen wurden, aufgrund dessen, wann ihr euch entschieden habt, mit euch selbst zu arbeiten. Schließlich war alles, was ich zu tun hatte, mit meiner Mutter und meinem Vater umzugehen, was kein großes Problem war, mit meiner Schwester und meinem Bruder, und die waren einfach froh, daß ich nicht da war, und dann mit meinen Schulkameraden. Denen war es egal, ob ich da draußen war und Baseball mit ihnen spielte oder nicht. Für mich war es also relativ einfach. Aber ihr habt eure Kinder, ihr habt eure Ehemänner, ihr habt eure Ehefrauen, ihr habt euren ausgedehnten Aufenthalt bei euren elterlichen Einflüssen, ihr habt all diese Ängste, die ihr verstehen, mit denen ihr zurechtkommen und die ihr in eine disziplinarische Praktik und ein Paket tun müßt, nicht wahr? Seht ihr, ich hatte noch nicht einmal eine Arbeit, mit der ich umgehen mußte, als ich anfing.

S: Es scheint wie ein Geschenk zu sein, daß man seine Ängste akzeptieren und sagen kann: „Okay, ich habe das, und ich habe es für den Rest meines Lebens." Aber die Frage, die ich habe, ist bezüglich dieser eigentlichen Sache, damit zu arbeiten, und vielleicht kommt eine Situation und löst das aus, und dieser Fluß aus dem Astralen kommt hinein. Wann fängt man an, das zu fühlen. Ich würde gerne sehr genau wissen, wie man in diesem Moment an das: „Oh, es ist nur eine Angst, es ist ein Teil meiner Illusion" denkt und es sich mit mangelnder Macht zurücksetzen läßt.

J: Stop. Wenn du spüren kannst, wie du aus dem Gleichgewicht gerätst, halte an, nimm einen tiefen Atemzug, stelle dir selbst drei Fragen: „Wer bist du, wozu bist du hier, und was soll ich von dir lernen?" Bevor du den Mund aufmachst und deine Angst versteckst und darauf ansprichst und reagierst, daß deine Angst durch deinen Umgang veranschaulicht wird, tu dir selbst diesen Gefallen. Das ist das beste Rezept und die beste Selbstdisziplin, die du anwenden kannst, und dann frage dich: „Warum ist deren Anerkennung für mich notwendig? Fühle ich mich wohl mit dem, was ich getan habe?" Wenn die Antwort lautet: „Ich bin nicht sicher, daß ich mich damit wohlfühle, ich bin nicht sicher, daß ich das Beste getan habe", dann höre zu, laß' sie hervorsprudeln und sage einfach: „Danke sehr. Ich werde das bedenken", und dann mache mit deiner Arbeit weiter. Aber lasse es keine feste Wurzel in deiner Sicht von dir selbst fassen. Das ist etwas, das du tun mußt. Du mußt der Jäter deines Gartens sein, und wenn du nicht willst, daß das Unkraut deine Rosen erstickt, dann mußt du es herausziehen. Niemand kann das für dich tun. Wenn du feststellst, daß du dieser Angst aus dem Astralen, von den Rätseln, die du bei deinem Aufenthalt in der Evolution antriffst, erliegst und du dich selbst in diesem Angstfaktor, dieser destruktiven Illusion verweilen und in ihn oder ihr verwickelt siehst, dann erreichst du einen Punkt, an dem du sagst: „Was soll ich daraus lernen?" Dann lasse die Antworten sich zeigen, denn sie werden es. Sieh, ich muß mich immer fragen, warum, genauso wie du dich fragen mußt, warum. Sicher. Wenn ich euch berate, kriege ich euch dazu, euch zu fragen, warum, und ich kriege euch dazu, mir zu antworten, indem ihr sagt: „Was willst du damit machen? Es ist da." Ihr könnt einen Schmerz nicht verleugnen, nicht wahr? Ihr könnt einen Krebs nicht verleugnen, nicht wahr? Nun, dann fragt sie, was sie damit tun wollen. Dann führt ihr sie zurück zu ihrer Angst vor Krebs, ihr führt sie zurück zu ihrem Umgang in der Familie, wo sie mit Frustration, Selbsthaß und Selbstbegrenzung umgehen, was ihren Krebs erzeugt, nicht wahr? Mit seinen Ängsten fertigwerden.

S: Die erste Frage ist über das, was Peter getan hat und der Prozeß, seine Ängste nicht zu verleugnen, über den wir gesprochen haben. Ist das die wahre Symbollehre darin, die andere Wange hinzuhalten?

J: Ja, und es hielt ihn auch davon ab, sich von dem Zweck abzulenken, dem zu dienen er dort war, und er war dort, um von mir zu lernen. Er war dort, um während meines Aufenthalts in Montreal in Kanada soviel als er irgend konnte zu sammeln. Er wollte es ganz sicher nicht der Einschätzung und vielleicht der Eifersucht der Geistlichen anheimstellen, die es wählte, mit ihrem Stand der Anstellung fortzufahren und die Tatsache übelnahm, daß Peter die Gelegenheit hatte, den ganzen Tag mit mir zu verbringen, während er mir in den Kirchengeschäften half, indem er sich immerhin um meine Klienten kümmerte, indem er das Büro reinigte und so weiter. Und er lernte auch und brachte sein eigenes spirituelles Bild, seine eigene spirituelle Identität voran. Also sagte er: „Okay, ich sehe mir das an. Du könntest Recht haben, du könntest Unrecht haben. Wenn du Unrecht hast, gehst du mit dir selbst um, und dann muß ich dir durch mein gefaßtes, kühles Gleichgewicht im Umgang mit der Situation zurückspiegeln, daß du mit dir selbst umgehst, aber ich werde mich nicht von dem ablenken lassen, wozu ich hier bin.“ Also diente er zwei Zwecken. Wenn er wirklich das getan hätte, was ich zu dem Zeitpunkt getan hätte, denn ich hätte gesagt: „Das ist völliger Unsinn. Ich habe den ganzen Tag mit diesem Mann gearbeitet, und ich habe für die Kirche gearbeitet. Es ist ja schade, daß ich nicht hier war, um die Stühle aufzustellen. Du hättest deine Pflichten als Geistliche ein kleines bißchen sicherer verwalten sollen, dann wärst du hier gewesen, um die Türen aufzuschließen, die Stühle aufzustellen und so weiter“, dann hätten wir einen riesigen Streit gehabt, und ich wäre wahrscheinlich von dem abgelenkt worden, wozu ich dort war.

S: Worüber du zu Sara gesprochen hast, wenn Energie zu einem kommt, die zum Beispiel eine mißtrauende Energie ist und sagt: „Ich vertraue dir nicht. Woher weiß ich, daß du tun wirst, was du sagst?“ Es ist etwas, womit ich gearbeitet habe, dieser Gedanke, daß es nicht unbedingt diese Person oder diese Persönlichkeit ist, es ist, als ob Geist dir die Fragen stellt, indem er durch diese Person arbeitet, um einen dazu zu bewegen, sich selbst anzusehen.

J: In jeder Situation ist es Geist, der dich dazu bewegt, dich selbst anzusehen. Das ist das ganze Konzept davon, deine Ängste zu konfrontieren. Wenn du hörst: „Ich vertraue dir nicht sehr oft“, mußt du dich fragen: „Vertraue ich mir?“ Und wenn ich mir nicht vertraue und ich in meinen vertraglichen Vereinbarungen nicht hingebungsvoll und diszipliniert bin, dann kann ich ganz sicher von niemand anderem erwarten, mir zu vertrauen, nicht wahr? Dann kaufst du deine Pakkung, und du kaust sie durch und schluckst sie, und du läßt sie dein System bis zu dem Zeitpunkt nähren, wo du entscheidest, dir selbst gegenüber vertrauenswürdig zu sein. Seht ihr, das ist nun ein Nachspiel, Kinder, von Kompromissen für Anerkennung, und es rührt von unserer Angst her, mißbilligt zu werden, es rührt von unserer Angst her, mißverstanden zu werden, es rührt von unserer Angst her, nicht gemocht zu werden, und es rührt von unserer Angst vor Selbsterkenntnis her, denn wenn wir nicht eine vorübergehende Anerkennung hätten kaufen wollen, wenn wir nicht ein gutes Wort hätten kaufen wollen, wenn wir uns nicht für eine vorübergehende Zeitdauer hätten beruhigen wollen, hätten wir keine vertraglichen Vereinbarungen getroffen, die wir nicht einhalten wollten. Wir wären dann uns selbst treu gewesen, hätten unserer Angst vor dieser Zurückweisung ins Gesicht gesehen, hätten unseren Ängsten vor dieser widerwärtigen Gegenreaktion ins Gesicht gesehen und wären mit ihnen fertiggeworden, und wir wären unser eigenes wahres Selbst gewesen und hätten gesagt: „Nein, ich werde die Pferde heute nicht füttern, ich werde hierhin gehen und dies tun. Wenn du willst, daß die Pferde gefüttert werden, dann finde jemand anderen, der sie füttert, aber dies ist mir wichtiger. Nein, ich werde heute nicht arbeiten, ich werde zu Hause bleiben und in meinem Garten arbeiten. Das ist mir wichtiger, und wenn der Rest der Organisation aus den Fugen gerät, dann laß' ihn aus den Fugen geraten. Ich werde in meinen Garten gehen." Dann siehst du deinen Ängsten vor Gegenreaktionen ins Gesicht. Siehst du, was ich sage? Du gehst nicht mit Versprechen um, die dich dann veranlassen, dein Selbstbild unter einer Menge Schuld, unter einer Menge Illusion und Falschheit zu begraben. Du kommst damit klar, deinen Ängsten ins Gesicht zu sehen, du wirst mit ihnen fertig. Es ist nur eine weitere Art, mit deinen Ängsten umzugehen und zurechtzukommen.

S: Kommt Schuld von derselben Sache, von der Angst kommt: einem begrenzten Selbstbild?

J: Schuld ist die Reaktion aus einer Konfrontation von Angst.

S: Mit anderen Worten, wenn man...

J: Schuld ist eine Reaktion einer Konfrontation von Angst. Verändere es nicht, akzeptiere es genauso, wie es durchgegeben wurde, und verstehe es.

S: Kannst du ein bißchen mehr sagen?

J: Angst ist ein Anziehungsmagnet, nicht wahr? Deine Ängste ziehen Anschuldigungen an, nicht wahr? Dein Mangel an Selbstbild erzeugt dann die Schuld, nicht wahr? Also ist Schuld die Reaktion auf die Konfrontation von Angst. Oder nicht? Wenn du einem schuldigen Gewissen begegnest, ist das, weil du einer Angst begegnest, die einem unvollständigen Bild und einem Mangel an Disziplin und einem Mangel an Selbstakzeptanz und einem Mangel an Selbstmotivation nacheifert, und du bist nicht bereit, schrecklich nicht bereit, diese Konfrontation zu akzeptieren, nicht wahr? Jetzt weißt du, warum du die Antwort auf die Weise bekommen hast, auf die du sie bekommen hast, Schuld ist nur eine weitere Ausrede, um sich nachzugeben, und Nachgiebigkeit ist Ausrede, und Ausrede ist: „Oh, es tut mit so leid, ich wollte das nicht tun. Wenn ich es besser verstanden hätte, hätte ich es nicht getan." Unsinn. Was dir leid tut ist, daß du am Ende erwischt worden bist. Du bist mit deinen Fingern in dem Glas mit Bonbons erwischt worden, und der Besitzer dieser Bonbons kam herüber und hat dich erwischt, wie du sie gestohlen hast, und jetzt willst du dich da herauskaufen. Aber du wolltest auf den Bonbons herumkauen, und sie sollten dein Bäuchlein wärmen, und sie sollten dir all das bringen, was du dachtest nicht zu haben.
Schuld ist nur ein weiterer Grund für Nachgiebigkeit. Ich ziehe es sehr vor, daß ihr sagt: „Ja, ich verstehe, und du hast vollkommen recht. Ich habe nicht das ganze Bild gesehen, und ich wollte das mit Absicht und dachte, ich könnte es nicht kriegen. Also wollte ich es trotzdem tun, und es tut mir nur leid, daß ich erwischt worden bin. Jetzt, wo ich erwischt worden bin, bin ich froh, daß ich erwischt worden bin, und jetzt kann ich es auf andere Weise sehen."

S: Kannst du es kürzer sagen?

J: Kann ich es kürzer sagen? Nein. Ich kann es nur auf die Weise sagen, wie sie mir zu diesem Zeitpunkt sagen, daß ich es sagen soll. Ich weiß, daß das viele gute Fragen aufwirft, und das ist gut. Laß' sie herauskommen, denn wir sind hier, um mit unseren Ängsten zurechtzukommen, und wir sind hier, um mit diesen Ängsten zurechtzukommen, damit sie nicht fortfahren, uns zu zerstören und zu manipulieren, und wir haben nichts zu verbergen.

S: Dies steht in Bezug zu meinem Leben sowie zu meinen Arbeitserfahrungen. In Situationen, wo ich mitten darin gefangen zu werden scheine, und ein Teil von mir fühlt, daß der Grund, daß ich da gefangen bin ist, daß es Teil meiner Verantwortung als Arzt ist, einige dieser Entscheidungen zu treffen, doch dann denkt ein anderer Teil von mir: „In wieviel davon muß ich mich einkaufen, und wieviel davon überlasse ich einfach den beteiligten Leuten?"

J: Nur bis zu dem Punkt, an dem du entscheidest, ob du dir selbst dienst oder zu Diensten stehst. Hast du die Entscheidung getroffen, weil du dir selbst gedient hast, weil es dich befriedigt oder weil es dir erlaubt hat, etwas Dünger auf eine deiner Ängste, deiner Beklommenheiten oder deiner Befürchtungen zu schaufeln und nicht damit zu arbeiten, und so hast du die Entscheidung getroffen und deinen Titel als Einfluß benutzt? Oder hast du die Entscheidung in einer dienenden Weise getroffen? Wenn du die Entscheidung getroffen hast, um zu dienen, dann ist es egal, wie der andere Mensch es wahrgenommen hat, es aufgenommen hat und darauf reagiert hat. Das ist dein Maßstab.

S: Ich finde mich in einer Situation wieder, wo, wann immer ich herausgefunden habe, daß ich etwas Dummes gemacht habe und ich in diese Erklärung und in Ausreden hineingehe, ich dann herausfinde, daß es keine Entschuldigung gibt. Also werde ich dann manchmal müde, oder ich bekomme Schmerzen oder was auch immer. Wie kann ich das in dieser Minute handhaben?

J: Halte an und frage dich: Die Enthüllung einer Angst, die Enthüllung eines unvollständigen Bildes deiner selbst ist kein Tadel, ist keine Disziplin, sie nimmt nicht weg, was du offensichtlich befürchtest, daß es weggenommen wird, und das ist Liebe, Akzeptanz und Anerkennung. Du wärst überrascht, wieviele von uns ständig aus unserer Angst heraus reagieren, mißbilligt zu werden, ungeliebt zu sein oder zurückgewiesen zu werden. Dann sieh dich selbst an und sieh, wie leicht du zurückweist. Sieh dich selbst an und sieh, wie leicht du mißbilligst. Arbeite an diesen Aspekten in deinem Innern, und wenn du Liebe gibst, dann beschließe, daß du sie für alle Ewigkeit geben wirst. Wenn du Anerkennung gibst, gib sie für alle Ewigkeit, denn wenn du tatsächlich Liebe gegeben hast, und ich sagte gegeben, ist es, weil du von dem GOTT des Wesens, dem du sie gegeben hast, berührt worden bist. Wenn du Anerkennung gibst, ist es, weil du, selbst wenn es für einen kurzen Sekundenbruchteil ist, den GOTT dieses Menschen gesehen hast. Und wenn du Akzeptanz gibst, ist es, weil du dich selbst als Teil dieses GOTTES in diesem Menschen gesehen hast. Das ist das Rezept, um die Tendenz zu überwinden, die du gerade beschrieben hast.

S: Danke. Manchmal, wenn ich...

J: Jetzt redest du dich wieder heraus.

S: Ich fühle mich müde, ohne Energie, und dann gehe ich in destruktive Gedanken hinein. Ist es dann besser, eine Pause zu machen und...

J: Es ist besser, eine Pause zu machen und nicht sofort in deine Selbstverleugnung hineinzugehen. Du gehst eigentlich nur in diese Handlung hinein, weil du hoffst, durch diese Selbsterniedrigung Anerkennung zu bekommen und zu gewinnen. Es läuft immer noch auf diesen Anerkennungsunsinn hinaus.

S: Wenn man fühlt, daß man einfach ein bißchen weinen will, ohne irgendwelche Negativität abzugeben...

J: Was soll es dir nützen, das zu bedauern, in was du willentlich, liebend, entzückt und freudig hineingegangen bist?

S: Es gibt also keinen Weg, manchmal...

J: Es gibt keinen Weg. Oh, du kannst es tun. Niemand wird dich aufhalten, aber ich werde auf dein Weinen nicht hören.

S: Ich meine nur für sich selbst. Niemand sieht es.

J: Was sollte es nützen?

S: Schickt das trotzdem Negativität hinaus?“

J: Das tut es ganz sicher. Es ist nur ein weiteres Fluchtverhalten, um nicht mit der Angst umzugehen, die die Reaktion hervorgerufen hat. Das Beste ist es, einfach mit großer Würde zu sagen: „Ja, du hast recht und danke, daß du es mir gezeigt hast“, oder: „Ich sehe mir das an“, und dann mit deinen Angelegenheiten weiterzumachen. Doch sieh der Angst ins Gesicht. Du kannst deine Liebe nicht verlieren, wenn sie gegeben ist, du kannst deine Akzeptanz nicht verlieren, wenn sie gegeben ist, und du kannst deine Anerkennung nicht verlieren. Du nimmst sie dir nur selbst weg, und der Weg, aufzuhören, sie dir selbst wegzunehmen ist, indem du ansiehst, wie bereitwillig du mißbilligst. Sieh dir an, wie bereitwillig deine Liebe aufhört, wenn Leute deinen Erwartungen nicht entsprechen. Nun, weißt du, meine Liebe kann nicht aufhören, meine Anerkennung hört nicht auf, und meine Akzeptanz hört nicht auf. Es ist mir egal, was du tust, und es ist mir egal, welche Handlungen ich unternehme, ich werde dich trotzdem lieben, ich werde dich trotzdem anerkennen, und ich akzeptiere dich trotzdem, weil ich mich selbst liebe, anerkenne und akzeptiere.

(Dieser Lehrbrief wird in „Deinen Ängsten ins Gesicht sehen II“ fortgesetzt.)